영성 세계로의 여행 2

친교 영성
한 몸 된 코이노니아

| 이강천 지음 |

쿰란출판사

추천사

황덕형
서울신학대학교 총장

　한국을 대표하는 영성의 대가 중 한 분이신 이강천 목사님께서 사랑하는 후배들을 위해서 친절하게 자신의 체험을 전수해 주시는 귀한 글을 남겨주셨습니다.

　이 책은 플라톤의 《대화록》 형태로 소크라테스가 그의 제자들과 대화하면서 진리에 가까이 가려고 한 것 같은 형태를 취하고 있습니다. 이 목사님과 직접 만나면서 대화를 하는 것 같은 착각 속에 빠지게 될 것입니다. 그만큼 이 책은 신학생들과 대학생들의 실제적인 대화를 중심으로 짜여 있어 소통과 접근성에서부터 탁월한 점을 가지고 있습니다.

　더욱이 그 내용들 역시 우리 목회 현장에서 만나게 되는 실제적인 상황과 연관되어 있음을 발견할 수 있습니다. 경건을 위한 훈련에서 시작하여 친교, 사명, 성령, 전도, 일터, 신유 그리고 설교에 이르는 아주 특별하고도 실제적인 영성의 구체적인 현장들을 아우르는 내용들입니다. 우리 교회의 성도들에게만 아니라 특히 미래 우리나라의 영적 세계를 책임져야 할 신학생들에게는 아주 커다란 지침서가 될 것입니다.

솔직히 오늘날의 신학교육이 지나치게 지성 위주로 치우쳐 있어서 이를 극복하기 위한 실제적이며 실천적인 영성 프로그램들이 아쉬웠던 차에 이강천 목사님의 글은 커다란 도움이 되리라고 확신합니다. 더욱이 실제로 바나바훈련원을 시작하시고 그것을 발전시키셨던 모든 경험들이 그대로 쌓여 있어서 이 책은 영적 성장을 원하는 모든 분들에게 나침반으로, 어둔 바다의 등대 역할을 충실히 하게 되리라고 확신합니다.

2020년 9월

추천사

김정호
바나바훈련원 원장

《영성 세계로의 여행》이 출판되는 것을 기뻐하고 축하드립니다. 본 책의 저자는 저의 스승이십니다. 인생 여정에서 아주 우연히 저자를 만났습니다.

스승을 만나기 전까지는 영성에 대한 갈증을 느꼈고, 비전과 사명에 대한 불확실성의 짐이 너무 크고 무거웠습니다. 하지만 저자를 만나면서 무기력했던 영성이 타오르기 시작했습니다. 비전이 선명해졌으며 사역을 어떻게 해야 하는지, 사역의 철학이 세워지기 시작했습니다. 저자를 만난 것은 저의 생애에 선물이었습니다.

본 책은 저자가 주님의 비전을 품고 달리는 젊은 세대들을 위해 새롭게 가다듬은 작품입니다. 그동안 한국교회와 세계 선교 현장 가운데 저자가 집필한 매뉴얼이 현장에서 사역자를 세워 왔습니다. 저자가 가르치고 체계화한 매뉴얼이 여러 나라 여러 곳에서 현재 역동적으로 적용되고 있는데, 바로 그 자신의 매뉴얼을 신학대학원생들, 캠퍼스의 젊은이들을 위해서 특별 제작한 것입니다. 이것은 마치 야생의 동물들 가운데 어미가 소화력이 부족한 새끼들을 위해서 자신이 소화를 시킨 것을 토하여 먹이듯 쉽게 풀이한 것입니다.

저자는 이미 현직에서 오래전 은퇴하였습니다. 저자는 스스로 본인이 노구(老軀)이며 총명의 한계가 있음을 고백하였습니다. 그런데 젊은이들 앞에서는 새 힘이 솟구침을 경험했습니다. 본래 저자는 한국 유수 교단의 교수로 신학생들을 가르쳤습니다. 하지만 건강의 악화로 모든 공직을 떠나게 되었습니다. 그래서 저자의 영성을 '보리피리'라 부릅니다.

새봄에 대지를 뚫고 자라기 시작한 보리 대궁이 열매를 맺지 못하고 푸른 계절에 줄기째 잘라졌습니다. 하지만 하나님이 잘려진 대궁에 생명을 불어넣자 보리피리 소리를 내었고, 그 소리를 들은 상처받아 신음하던 목회자, 선교사들이 살아나게 된 것입니다.

저자는 그를 찾는 이들에게 주님의 지상명령의 처소인 땅 끝을 달려가게 했습니다. 그런 저자가 과거 그가 신학대학교 교수였음에도 잃어버렸던 영토인 신학대학원생들과 캠퍼스의 젊은이들 곁으로 다가와 본 책을 나누는 것은 아마도 그곳이 저자의 땅 끝으로 여겨집니다.

본 책을 읽는 신학대학원생, 캠퍼스의 젊은이들은 멋진 영성 여행을 경험하게 될 것입니다. 그래서 영성과 비전과 사역의 원리가 정리될 것입니다. 마치 새봄에 농부가 경작을 위해 전답을 비옥한 땅으로 가꾸듯이 생명을 낳고 기르는 영성으로 세워질 것입니다.

  끝으로 저자의 노고에 감사의 마음을 드리며 스스로에게 정진을 다짐합니다.

2020년 9월

추천사

영원한 그리움의 여정

지형은
말씀삶공동체 성락성결교회 목사

    영성이란 단어는 기독교에서 1960년대 이후에 신학과 신앙의 논리에서 사용되기 시작했습니다. 가톨릭이나 정교회도 마찬가지입니다. 영성 또는 영성신학이 가톨릭이나 정교회의 전통에서는 아주 오랜 역사를 가졌다고 말하는 것은 '영성과 연관된 표현들'을 소급해서 불러낸 결과입니다. 기독교 역사에서 보면 영성이란 단어가 주제적으로 쓰이기 시작하기 전에 이 단어의 뜻을 가진 말이 '경건'입니다. 그러나 요즘 영성이란 단어가 경건의 자리를 대신 차지하고 있습니다. 충분히 사명을 다하고 있는지는 신학적으로 좀 더 두고 봐야 할 일입니다.

    이강천 목사님은 기독교 영성을 "하나님을 만나고 하나님과 교제하고 하나님과 함께 살고 하나님과 함께 일하는 삶"이라고 정의합니다. 경건이란 헬라어 단어 '유세베이아'(εὐσεβεία)가 정확하게 이런 뜻입니다. 다른 각도로 본다면 영성이란 말은 기독교 신앙의 본질에 관한 것입니다. 인류 역사에서 시대의 정신이 큰 변혁을 이루는 시기마다 기독교는 그 시대에 어떻게 기독교 신앙을 설명할까 하는 문제를 안고 씨름했습니다. 그때마다 나온 주제가 '기독교의 본질이 무엇인가' 하는 것입니다. 저자는 젊은이들과 함께 기독교의 본질 곧 기독교 영성의 여정을 순례합니다.

저는 저자 이강천 목사님을 오래전부터 알고 있습니다. 신학교 시절에 존경하는 교수님이셨습니다. 저자는 영성의 여정에 관한 여러 주제를 무엇보다 자신의 삶으로 설명하고 있습니다. 저자가 걸어온 삶의 여정을 그래도 어느 정도 알고 있는 저로서는 글을 읽으며 이분의 삶의 발자국이 떠올랐습니다. 제자들과 후배들에게 이정표와 출구를 보여주셨던 걸음들 말입니다.

영성과 연관하여 저자는 이미 출간된 한 권의 책까지 합하여 모두 여덟 개의 주제를 다룹니다. 경건, 친교, 사명, 성령, 전도, 일터, 신유, 설교입니다. 그러나 제게는 이 여덟 개의 주제가 여덟 개이면서 동시에 거대한 하나의 흐름이며 수원지로 읽힙니다. 저자는 그리스도인으로서 걸어온 삶의 경험과 간증에 신학자로서 가진 신학적 논리를 더해서 대화체로 풀어냅니다. 거기에다 목회자요 선교사요 세계 많은 곳을 다니며 집회를 인도하신 순회 설교자의 깊은 영적 통찰이 어우러져 있습니다. 글에 인용된 성경 구절과 그에 대한 설명 또는 해석은 물이 흐르듯이 자연스럽고 높은 산과 깊은 계곡처럼 뚜렷한 인상을 줍니다.

저자는 젊은이들을 여러 곳으로 안내합니다. 충남 서산의 황금산 산행을 거쳐 바닷가로, 선유도의 오 목사님 내외와의 만남으로, 망향기도원과 갈릴리기도원으로, 당진 왜목마을의 일출로…. 영성에 관한 저자의 이야기는 언제나 길 위에서 펼쳐집니다. 아, 이것은 저자가 살아온 삶을 생각하면 얼마나 잘 어울리는 것인지 모릅니다! 그렇습니다. 이강천 목사님은 한자리에 머물지 않았습니다. 신학자로서 연구실에만 머물지 않았고 목회자로서 한 교회에 오래 머물지도 않았습니다. 성결교단의 선교 정책을 이끄는 수장으로서 혼신을 다해 뛰었지만 거기에도 둥지를 틀지 않았습니다. 저자는 영적인 노마드(nomad)로서 끊임없이 길 위에 있었습니다.

저자는 당진 왜목마을에서 일출을 찍습니다. 신유의 중심이 능력보다는 사랑이라고 해석하면서 송곳 같은 바위 위로 붉은 달덩이처럼 솟아오른 태양을 찍습니다. 많이 알려진 대로 이강천 목사님은 사진작가면서 시인이기도 합니다. 그러고 보니 이분은 살아오면서 했던 일의 종류에서도 늘 길 위에 있었습니다. 예술가로서 이분이 지금도 걷고 있는 길과 연관하여 제가 짐작하는 일이 있습니다. 저자에게는 아직까지 쓰지 않은, 어쩌면 쓰지 못한 이야기가 있다고 보입니다. 삼위일체 하나님의 창조세계에 담긴 아름다운 이야기입니다. 사진작가이면서 시인인 저자의 평생 숙제일 것입니다.

 이 숙제를 신학적으로 말하면 '일반계시에 담긴 특별계시의 비밀을 풀어내는 작업'입니다. 보통 복음주의 신앙이 확고한 분들이 예수 그리스도의 십자가에 토대를 둔 특별계시를 강조합니다. 심장과 같은 이 진리에 비하면 일반계시 또는 자연계시의 가치는 한참 낮은 것으로 생각합니다. 그러나 예수의 십자가에서 그리스도를 만나서 새로운 삶을 찾은 수많은 신앙의 선배들은 그 신앙의 깊이로 들어가면서 창조세계의 자연계시가 얼마나 깊은 것인가를 깨달았습니다. 이분들에게는 신학적인 논리를 넘어 특별계시와 자연계시가 하나입니다. 자연에 담긴 그 위대한 진리는 아가서의 사랑과 함께 말로는 도무지 다 표현하지 못할 감격입니다. 여기에서 진리는 사랑이라고 불리고 신비라고도 불립니다. 이 진리를 맛보고는 말이나 글, 그

림이나 영상 등 그 어떤 것으로도 다 담지 못해서 그저 그분 앞에서 떨며 감격할 뿐입니다.

　하나님을 믿으며 삶의 길을 걸었던 수많은 신앙인들이 결코 이르지 못했던 이 순례의 길은 그래서 '영원한 그리움의 여정'입니다. 저자가 걷고 있는 이 길을 이분의 사진 작업과 시에서 조금 짐작할 뿐입니다.

2020년 9월

추천사

송재기
경북대학교 교수
전국대학교수 선교연합회 회장 역임

　기독교 역사상 유례를 찾기 힘든 부흥을 맛보며 우리 사회 발전의 선도적 역할을 감당했던 한국교회와 하나님 나라 확장을 위한 목회자 배출에 매진해 온 신학대학이 세속화와 영적 타락으로 쇠퇴의 길을 걸어가고 있습니다. 안타까운 일입니다.
　그동안 신학대학은 학문적인 요건을 충족하는 목회자 양성소 역할을 했으며 교회는 양적인 팽창으로 외형적인 규모를 키우는 데 관심을 가져왔습니다. 우리 사회에서 한 사람 목사의 영향이 얼마나 큰지를 생각한다면 신학과 더불어 철저한 영성 훈련을 통하여 균형 있는 목회자를 배출하여 우리 사회의 미래를 책임지게 할 책임과 의무가 있습니다.
　이강천 목사님의 《영성 세계로의 여행》은 오랜 경험과 훈련을 통하여 만들어진 '실천영성 훈련' 실습 교재와 같습니다. 그동안 신학교와 교회가 조금 소홀히 했던 부분을 청년들과의 대화를 통하여 경건 영성, 친교 영성, 사명 영성, 성령 영성, 전도 영성, 일터 영성, 신유 영성, 그리고 증식 영성을 자세히 귀납법적으로 풀어내고 있습니다. 신앙인의 삶을 천국으로 가는 순례의 길로 표현한다면 삶 속에서 직면하는 다양한 형태의 일들을 머리가 아니라 가슴으로, 실제 삶 속에서 확인할 수 있는 실습 교본이라 말할 수 있습니다.

　추천인은 대학교수로 캠퍼스에서 학생들에게 세상 학문을 가르치고 있는데, 지식 전달만이 아니라 '언행'(言行)이 일치되는 삶으로 학문을 하는 것을 목표로 합니다. 이런 의미에서 신학은 세상 학문과 다릅니다. 신학은 믿음을 말씀으로 풀이하면서 가장 큰 계명을 살아내는 사랑의 영성과 최고의 지상명령을 실현하는 선교의 영성을 삶 속에서 나타내야 하기 때문에 '심언행'(心言行)이 삼위일체가 되어야 합니다.

　따라서 이강천 목사님의 《영성 세계로의 여행》을 현재 신학교의 커리큘럼에 실천 영성 혹은 영성 훈련 관련 과목을 필수과목으로 정하여 예비 목회자들에게 철저한 영성 훈련을 통하여 '언행'(言行) 일치에서 '심언행'(心言行) 삼위일체를 실천할 수 있도록 활용하고, 청년 대학생 교육이나 특히 교회학교 교사 세미나에서 삼위일체의 코이노니아 영성을 훈련시켜 자라나는 어린 심령들에게 올바른 영성을 가르치며, 구경꾼으로 앉아 있는 평신도들에게 사명감으로 열정을 회복할 수 있는 평신도 교육에 활용한다면, 쇠락의 길로 달려가는 우리 사회에서 기독교가 신뢰를 회복하고 세상을 변화시키는 새로운 부흥의 역사를 쓰게 되리라 생각되어 정독하며 실천해 보기를 적극 추천합니다.

2020년 9월

추천사

이상식
계명대 언론영상학과 교수
Visual Worship Institute Korea 대표

이 시대의 중요한 문제를 꼽으라고 하면, 나는 주저 없이 두 가지를 들겠다. 먼저 사람들이 외부 세계에 대해서 지나친 관심을 보인다는 것이다. 반면, 사람들이 내면세계에 대해서 관심이 많지 않다는 점이다. 외부 세계에 더욱 많은 관심을 보이는 이유는 외부 세계가 가시적이기 때문이다. 외부 세계는 매력적이고, 급하고, 목소리가 크다. 외부 세계에서 외모, 부는 물론이고 교육을 비롯한 다양한 스펙이 현대인들을 쫓기게 만든다.

한편 내면세계는 사랑, 신앙과 같은 눈에 보이지 않는 것들이 있다. 내면세계는 늘 뒷전으로 밀린다. 내면세계가 외부 세계보다 중요하지 않은 것은 결코 아니다. 그 이유는 내면세계가 외부 세계를 결정하기 때문이다. 내면세계는 우리 삶의 조정실과 같은 역할을 한다. 내 삶의 조정자로서 살기 위해 내면세계의 질서를 찾는 것은 매우 중요하다. 외부 세계에 쫓겨 살다 보면, 내면세계는 엉망진창이 되고 만다.

우리 사회에서 성공한 자들 가운데, 외면 세계는 화려한데 내면세계는 망가진 자들이 적지 않다. 소위 '성공한 못난이'들이다. 비록 사회적으로 바쁘게, 열심히 살아 성공했으나, 실제 그들의 내면세계는 뒤죽박죽이다. 결국 이들이 겪는 공통적인 삶의 결과는 사막화이다.

삶이 사막처럼 서서히 메말라가면서, 삶이 함몰되어 간다. 대통령, 재벌 대표, 유명 탤런트, 심지어 교육 지도자 가운데서도 함몰 웅덩이처럼 내려앉자 삶을 포기한 소식이 종종 우리를 충격에 빠뜨린다.
　이 책은 이 시대의 이러한 문제를 해결하기 위한 답을 제시한다. 저자가 내놓은 해결책은 내면세계의 질서를 찾기 위한 '영성'이다. 최근 들어 국내외 신학계에서 영성 신학에 대해 관심이 부쩍 높아진 것 같다. 하지만 국내 신학교에서 교과목으로 제도화되어 있지 않은 아쉬움이 있다. 현대인들이 앓고 있는 질병들이 '영성의 결여'에서 비롯되었지만, 그동안 한국 교계는 도외시한 경향이 있다. 한국 교회 목회자들이나 중직자들은 밖으로 드러나는 성과주의에 치중한 결과, 그 역기능에 적잖게 당황하고 있다. 영적 리더십이 아니라, 인간적 노력에 의존하였기에 당연한 결과라고 판단된다. 이로 인해 세상 사람들이 교회를 걱정할 지경이 되었다.
　저자는 귀납적으로 영성과 관련된 주제를 풀어나간다. 이 책은 한국 기독교 지도자는 물론이고, 한국 교인들이 다시 부흥할 수 있는 길을 매우 근본적, 실천적, 체계적으로 제시한다. 그리고 중요한 명제들을 명확하게 제시한다. 접근 방법이 매우 현실적이어서 문제 해결에

설득력이 있다. 저자가 직접 체험한 내용이기에 힘이 있고 감동을 준다. 감히 우리가 이렇게 할 수 있을까 싶을 정도로 저자가 몸소 보여주는 영성의 수준이 탁월하다. 저자는 지금까지 대학 교육, 교회 목회, 선교와 훈련 사역 현장에서 탁월한 영적 리더십을 보여주신 분이기에 가능하였으리라. 저자의 삶에 존경과 함께 감사의 말씀을 드린다.

　나는 소통과 사진을 연구하고 있다. 기독 영성으로 사진을 찍고 글을 쓰려고 노력한다. 글과 사진으로 생각의 폭을 더하고, 삶과 신앙의 깊이를 더해 나가기 위해 날갯짓을 하고 있다.

　이강천 목사님은 오랜 기간 동안 영성으로 사진을 찍고, 시를 쓰신 분이다. 이분의 사진과 시를 보노라면 수정처럼 맑고 빛이 난다. 나는 이분의 학처럼 고매한 삶의 영성을 닮고 싶다. 요즘 나는 저자가 제시한 영성을 음미하면서 사진과 글에 반영하고 있다. 나의 기도가 달라지고 있다. 주님께서 가르쳐 주신 기도를 저자가 제시한 방법대로 따라 하니, 기도의 넓이와 깊이가 더해지는 즐거움을 누리고 있다. 영성으로 가득 찬 나의 미래 사진과 글을 생각만 해도 행복하다.

2020년 9월

추천사

유정민
캠바훈 대표

저자의 글에는 하나님을 향한 순결한 마음이 가득합니다.
저자의 글에는 진리를 전하고자 하는 열망이 가득합니다.
저자의 글에는 삶으로 하나님과 동행한 흔적이 가득합니다.

이 이상 저로서는 주제넘게 무슨 추천사를 쓸 수가 없습니다.
저자의 글을 읽게 된다면, 일평생 주님을 따랐던 그 영성을 이어가기를 갈망하는 마음이 커져가게 될 것입니다.

2020년 9월

머리말

　최근 한 후배 목사를 통하여 현재 모 신학대학원 M. Div. 학생 10여 명이 저를 만나기를 원한다고 하여 만나보았습니다. 그들은 신학교에서의 메마른 영성으로 인하여 영성을 지도해 줄 멘토가 필요한데 나더러 멘토가 되어 달라는 것이었습니다. 한 달에 한 번씩 그들을 만나서 내가 걸어온 영적 경험들을 간증하며 나누어 주었고 각자 개인적 영성 훈련을 하도록 권했으며 코이노니아 영성을 경험하도록 매주 함께 한 차례 모여 삶을 나누고 서로를 위하여 기도하는 모임을 갖도록 권하여 그렇게 하고 있습니다.

　그들은 나의 간증이 많은 도움이 되고 힘이 된다고 고마워했습니다. 그러다 생각해 보니 이들은 나와 한 1년 동안 모이게 될 것인데 그러면 10여 명과 멘토링하고 끝나는 것이고 내가 언제까지 또 다른 팀을 만나며 그렇게 멘토링을 할 것인가 생각하니 아쉽기 짝이 없습니다.

　그래서 교회 성장 원리 중 증식의 원리를 이들에게도 적용해야겠다는 생각을 하게 되었습니다. 나와 만나던 그들 11명이 이제 후배들을 몇 명씩이든 만나며 코이노니아 모임을 매주 가지며 한 달에 한 번은 나와 만나는 대신 내가 쓴 책을 공통으로 읽고 나누는 학습 모임으로 하면 내가 더 이상 그들을 직접 만나지 않아도 나의 멘토링을 이어가는 모임이 대를 이어서 이루어질 수 있다는 생각이 들었습니다. 이렇게 되면 나와 만나던 친구들은 다른 후배들을 지도하는 지도자로 성장하게 될 것입니다. 이것이야말로 일석이조가 되는 것이지요.

그래서 내가 그들에게 나누어 주던 간증과 가르침을 책으로 써야겠다는 사명감이 일어난 것입니다. 그래서 이《영성 세계로의 여행》시리즈를 엮게 되었습니다. 여기에서 나누는 내용들은 새로운 것은 아니고 내가 이미 바나바훈련원에서 가르치고 여러 다른 책에서 다루고 나눈 것들입니다. 어쩌면 재편집이라 할 수 있을 것입니다. 그러나 이번에는 젊은이들이 읽기 편하게 대화체로 썼습니다.

처음에는 신학생을 위한 영성 훈련 참고서로 쓰려고 생각했는데 독자층을 조금 넓혀 쓰게 되었습니다. 캠바훈이라는 캠퍼스 선교 단체가 나의 교재들을 사용하고 있는데, 그들도 사용하기를 원하는 마음이 보태졌습니다. 게다가 교수님들 가운데 교제하는 분들도 있고 교수선교회에서 헌신하는 교수님들과 그분들의 제자화 노력에 보탬이 되기를 원하는 마음이 첨가되었습니다. 또한 캠퍼스 사역자들의 영성 훈련 참고서가 되기를 원했습니다. 그래서 대화체로 쓰되 신학생 한 명과 남녀 대학생 한 명씩, 세 명의 젊은이들과 여행하며 대화하는 형식으로 저술하였습니다.

아울러 바나바훈련원에서 훈련받은 목사님들은 자신들의 복습 교재뿐 아니라 성도들 교육용으로 사용할 수 있을 것이라는 기대감도 포함되었습니다. 일반 목회자들은 자신들의 훈련 교재로 사용할 수 있고 이것이 자신들의 삶에 적용된다면 그분들도 성도들 영성훈련 교재로 사용할 수 있을 것이라는 기대감도 보태졌습니다.

이 《영성 세계로의 여행》은 시리즈로 되어 있습니다. 각 주제는 다음과 같습니다.

영성 세계로의 여행 1 / 경건 영성 / 주님과 동행하기
영성 세계로의 여행 2 / 친교 영성 / 한 몸 된 코이노니아
영성 세계로의 여행 3 / 사명 영성 / 너는 복이 될지라
영성 세계로의 여행 4 / 성령 영성 / 성령의 능력으로 갈릴리에
영성 세계로의 여행 5 / 전도 영성 / 잃은 양을 찾으라
영성 세계로의 여행 6 / 일터 영성 / 그대 비즈니스를 박 터지게 하라
영성 세계로의 여행 7 / 신유 영성 / 나는 치료하는 여호와로라
영성 세계로의 여행 8 / 증식 영성 / 비대면 시대의 부흥전략
영성 세계로의 여행 9 / 설교 영성 / 설교가 뭐길래?

이 중에서 신학생이나 목회자 훈련에만 필요한 《영성 세계로의 여행 9 / 설교 영성》은 사랑마루출판사에서 출간된 《설교가 뭐길래?》라는 책으로 대체하도록 하였습니다. 그리고 나머지는 다시 정리하여 썼습니다. 그래서 이번에 출간되는 책은 실제로 8권이 됩니다.

처음에는 7권만 써서 출판사로 넘겼는데 그러고 나서 바로 코로나바이러스19로 인한 팬데믹 사태가 터졌습니다. 그리고 이 위기를 어떻

게 해야 하느냐는 후배들의 절규를 들으면서 남겨 두었던 증식의 영성을 급히 써서 보태야 한다는 절박한 사명을 느꼈습니다. 그래서 급히 '비대면 시대의 부흥 전략'이라는 제목으로 증식 영성을 다루는 글을 쓰게 되었습니다. 그러면서 이 영성 시리즈는 이 코로나 팬데믹이 가져온 교회의 위기 속에서 새 시대의 부흥전략으로 새 판짜기를 하는 데 사용하는 교재로 준비시켰다는 확신이 들었습니다. 그래서 제8권은 앞의 7권을 사용하는 매뉴얼도 된 셈입니다.

　이미 언급된 것처럼 이 책은 매주 소그룹에서 코이노니아 모임을 가지면서 한 달에 한 번씩은 이 시리즈의 책을 차례로 한 권씩 읽고 서로 나누고 적용을 다짐하는 일종의 학습과 적용의 모임으로 하면서 진행하며 사용하기를 권장합니다.

　이 책을 사용하시는 모든 분들께 주님의 성령께서 함께하시기를 기도합니다. 아울러 미리 읽어 고견을 주시고 추천서를 써 주신 황덕형 서울신학대학교 총장님, 김정호 바나바훈련원 원장님, 지형은 성락교회 담임 목사님, 송재기 전 전국대학교수 선교연합회 회장님, 이상식 계명대학교 교수님, 유정민 캠바훈 대표님께 감사드리고 출판해 주신 쿰란출판사 대표 이형규 장로님을 비롯한 직원 여러분께 감사드립니다.

2020년 9월
이강천

차
례

추천사_ 황덕형(서울신학대학교 총장) • 2
　　　　김정호(바나바훈련원 원장) • 4
　　　　지형은(말씀삶공동체 성락성결교회 목사) • 7
　　　　송재기(경북대학교 교수/전국대학교수 선교연합회 회장 역임) • 12
　　　　이상식(계명대 언론영상학과 교수/Visual Worship Institute Korea 대표) • 15
　　　　유정민(캠바훈 대표) • 18

머리말 • 19
프롤로그 • 24

1. 코이노니아 진리 … 26
2. 코이노니아 경험을 위한 코이노니아 소그룹 … 44
3. 사랑의 중보기도 … 72
4. 코이노니아 ABC … 99

프롤로그

- 선생님, 오늘은 어디로의 여행인가요?
- 친교 영성 여행이야.
- 아, 이야기의 주제는 친교 영성이라고요? 지리적 여행은 어딘가요?
- 충남 서산에 있는 황금산 너머 바닷가로 갈 거야. '황금산'을 내비에 검색하여 가자고.
- 산으로 가요? 바닷가로 간다면서요?
- 응, 황금산을 산행하여 넘어가서 해변으로 가는 거야.
- 왜 산을 넘어 바닷가로 가죠? 바로 바닷가로 가면 안 되나요?
- 거기 지형이 그렇게 되어 있어. 산은 과히 높은 산은 아니니 산책 삼아 넘어가는 거야.
- 아, 그렇군요? 네, 황금산으로 가겠습니다. 거기 가면 황금도 좀 캘 수 있나요?
- 응, 진리의 황금을 오늘 캐게 될 것일세.
- 오늘 이야기 여행은 친교 영성이라 하셨지요? 잘 듣지 않던 주제요 용어인 것 같은데요?
- 그럴 거야. 기독교가 서구에서 먼저 부흥해서 서구에서 동양으로, 한국으로 들어오는 동안 기독교가 서구의 개인주의의 영향을 많

이 받은 것 같아. 기독교의 진리를 개인적인 차원에서 많이 이해하고 신학과 교리도 개인적인 차원으로 이야기되는 것 같은데, 내가 평생 성경을 읽다 보니 성경의 진리는 처음부터 인간의 삶이 공동체적인 것이었고, 기독교의 영성은 개인 영성에서 완성되지 않고 공동체적 영성으로 완성된다는 사실을 깨닫게 되더군.

- 그러면 '공동체적 영성'이라고 부르지 않고 '친교 영성'이라고 부르는 이유가 있나요?
- 사실은 헬라어를 사용하면 '코이노니아 영성'인데 그걸 우리말로 번역할 때 '친교 영성'이라고 번역한 셈이지.
- 그러면 기독교의 영성은 코이노니아 영성이다, 그런 말씀인가요?
- 그렇지. 코이노니아 영성, 친교 영성, 공동체적 영성, 모두 같은 의미로 사용할 것일세.
- 기독교 영성이 코이노니아 영성이라고 깨닫게 된 결정적 계기가 있나요?
- 요한복음을 묵상하다가 한 말씀에 걸려 씨름한 적이 있지.
- 요한복음 어디인데요?

1. 코이노니아 진리

하나 되게 하옵소서

- 요한복음 17장 예수님의 중보기도에 포함된 내용이지.

  요 17:21-23 아버지여, 아버지께서 내 안에, 내가 아버지 안에 있는 것같이 그들도 다 하나가 되어 우리 안에 있게 하사 세상으로 아버지께서 나를 보내신 것을 믿게 하옵소서 내게 주신 영광을 내가 그들에게 주었사오니 이는 우리가 하나가 된 것같이 그들도 하나가 되게 하려 함이니이다 곧 내가 그들 안에 있고 아버지께서 내 안에 계시어 그들로 온전함을 이루어 하나가 되게 하려 함은 아버지께서 나를 보내신 것과 또 나를 사랑하심같이 그들도 사랑하신 것을 세상으로 알게 하려 함이로소이다

- 이 부분은 예수님이 십자가를 지시기 전 제자들을 위하여 중보기도를 하신 내용이 기록된 것 아닌가요?
- 그렇지. 제자들 공동체, 즉 앞으로 있을 교회 공동체를 위하여 기도한 것이라고 보겠는데, 앞부분에서는 제자들의 거룩을 위하여 기도한 내용이 있어. 그리고 이 부분에서는 제자 공동체의 어떤 것을 위하여 기도한 것으로 보아야 하겠나?
- 제자들이 하나가 되기를 위하여, 교회가 하나 되기를 위하여 기도한 것으로 보이는데요?
- 교회의 일치와 연합을 위하여 기도하신 것 같은데, 오늘날 교회는 다툼과 분열 양상으로 본이 안 되고 있는 것 같지요?
- 그렇지. 다인이와 성진이가 말한 대로 하나 되기 위하여 기도하였는데, 그 기도와 반대로 역행하는 교회의 모습은 안타까운 일이지. 그러나 이 기도는 교회 일치나 연합, 그 이상의 기도인 것 같다는 생각을 하게 되었어.
- 그게 무슨 말씀인가요?
- 잘 보게. 교회가 하나 되기를 위하여 기도한 것은 맞는데 그 깊이가 달라. "아버지께서 내 안에, 내가 아버지 안에 있는 것같이 그들도 다 하나가 되어, 우리가 하나가 된 것같이 그들도 하나가 되게…내가 그들 안에 있고 아버지께서 내 안에 계시어 그들로 온전함을 이루어 하나가 되게…". 이런 말씀을 잘 보면 우리가 하나 되는 것이 예수님과 아버지 하나님이 하나인 것처럼 하나 되게 해 달라고 기도하고 있고, '아버지가 내 안에, 내가 아버지 안에, 내가

그들 안에, 아버지가 내 안에 있는 것처럼' 해 달라고 기도하신단 말이야.
- 단순한 교회 연합 운동 정도가 아닌가 본데요? 삼위일체 하나님이 셋이지만 하나인 것처럼 하나 된다는 것이니 그 깊이와 차원이 다른 것 같긴 한데요?
- 쉽게 말하면 성부, 성자, 성령께서 셋이나 하나이듯이, 제자들도 삼위일체로 살게 해 달라고 기도하신 것이네요?
- 그래, 지원이와 다인이가 말한 대로 삼위일체 하나님처럼 제자들도 삼위일체가 되게 해 달라는 기도가 맞지?
- 그게 무슨 뜻이지요?
- 그래서 내가 지금까지 배운 교리에서는 이것이 무슨 뜻인지 알 수가 없어서 이를 이해하기 위하여 씨름하고 묵상하고 기도하게 되었지. 그러다가 **성경이 가르치는 인간의 본질이 코이노니아다** 하는 것을 깨닫는 계기가 되었어. 내가 코이노니아라 말할 때 그 코이노니아의 근본적인 원형은 삼위일체 하나님의 코이노니아이고….
- '삼위일체 하나님의 코이노니아'라니요? 어려워요.
- 하나님의 존재방식이 삼위일체 코이노니아라는 거야. 아버지 하나님과 성자 예수님과 성령 하나님이 삼위이지만 서로 온전한 소통과 친교와 하나 됨으로 존재하신다는 거야. 셋인데 하나로 존재하는 삼위일체 하나님, 자신 안에 온전한 코이노니아를 이루는 하나님이라는 개념이지.

- 갈수록 어려운 개념인데요?
- 원래 삼위일체란 개념 자체가 인간이 이해하기 어려운 개념이지. 하여튼 하나님의 존재가 상호 친교하는 코이노니아를 본질로 하고 있다는 거야. 좀 더 이야기하다 보면 감이 올 거야.
- 그래서요?
- 그렇게 깨달은 것이 인간의 삶의 본질도 코이노니아라는 점이지.
- 어떤 근거에서요?

"우리" 이미지

- 창세기의 인간 창조 이야기로 가 볼까?

> **창 1:26-28** 하나님이 이르시되 우리의 형상을 따라 우리의 모양대로 우리가 사람을 만들고 그들로 바다의 물고기와 하늘의 새와 가축과 온 땅과 땅에 기는 모든 것을 다스리게 하자 하시고 하나님이 자기 형상 곧 하나님의 형상대로 사람을 창조하시되 남자와 여자를 창조하시고 하나님이 그들에게 복을 주시며 하나님이 그들에게 이르시되 생육하고 번성하여 땅에 충만하라, 땅을 정복하라, 바다의 물고기와 하늘의 새와 땅에 움직이는 모든 생물을 다스리라 하시니라

- 하나님께서 하나님의 형상대로 인간을 창조하셨다는 이야기는 지난번에 하지 않았나요?

- 그랬지. 그런데 이번에는 '우리의 형상을 따라 우리의 모양대로 우리가 사람을 만들고'라고 말씀하시는 부분을 잘 살펴보자고…. 우선 여기 나오는 '우리'가 누구누구일까?
- 하나님이 누구와 상의하신 것으로 나오네요?
- 그래, 그러니 서로 상의한 '우리'가 누구이겠느냐는 것이지.
- 아, 내가 어느 강의에선가 아니면 설교에서 들었나, 들은 적이 있는데, 이스라엘 사람들은 하나님에 대한 두려움, 경외심 때문에 하나님 이름을 있는 그대로 부르기보다 복수형 언어를 사용하여 부르는 경우가 있었다고 하던데요? 그러니까 여기서 '우리'는 경외의 복수인 셈이지요?
- 성진이가 어디서 들은 모양이네. 맞아, 학자들의 연구에 의하면, 이스라엘에서는 하나님 이름을 경외의 복수로 사용한 경우가 있다는 거야. 그렇지만 하나님을 복수형으로 부르는 것까지는 이해가 되는데, 그 복수가 단순히 사람이 하나님을 부를 때 사용하는 복수가 아니라 누군가 복수의 인격체가 상의하고 합의하고 있거든.
- 그래서 어떤 사람들은 천상에서 하나님이 천사들과 상의하고 합의했다고 해석하기도 하던데요?
- 지원이가 어디서 읽었는지 그런 설이 있어. 아주 막무가내 자유주의 학자들 중에는 천사들과 상의했다고 해석하는 경우도 있어.
- 천상에서 천사들과 상의했다는 해석도 가능한 것 같은데, 왜 막무가내 해석이라 하지요?

- 그런가? 내가 너무 무식하게 말했나? 하여튼 맘에 안 드는 해석이라서. 천사보다 더 나은 인간을 만드시는데 천사들과 상의해서 만들었다는 정도의 이야기는 자존심 상하는 것 같아서 말이야.
- 그러면 선생님은 다른 해석을 가지고 계신가요?
- 대체로 복음주의 학자나 설교자들은 여기서 '우리'는 삼위일체 하나님이라고 이해한다네.
- 삼위일체 하나님이 자기 안에서 삼위가 소통하고 합의하여 창조한다는 뜻인가요?
- 그렇지. 그리고 이 해석이 성경의 전체적인 진리와 부합하다는 점을 알게 될 거야. 이제 중요한 것은 삼위일체 하나님이 그 **'우리' 이미지 즉 삼위일체 이미지로 사람을 창조했다는 점**이야.
- 하나님의 형상이 바로 삼위일체 하나님의 형상, 우리 이미지로 사람을 창조하셨다고요?
- 그렇게 이해하는 것이지.
- 그러면 인간도 삼위일체인가요?
- 하나님은 절대 완전자로서 자신 안에 삼위일체를 이루지만 사람은 피조물이고 상대적인 존재라서 하나님과 동일하게 자신 안에 삼위일체를 이루는 것은 아니고 삼위일체를 닮은 삶의 방식을 갖게 되어 '관계의 삼위일체로 살아가는 존재'라고 이해하지.
- 어떤 관계로요?
- **'나와 하나님과 너'**가 삼위일체 관계 속에 코이노니아를 이루며 살게 되어 있는 존재라는 거야.

- 나와 너와 하나님이 하나로 친교하는 코이노니아적 존재란 말인가요?
- 그렇다는 것이지.
- 그렇다면 인간은 처음부터 홀로 사는 존재가 아니네요? 더불어 사는 존재, 코이노니아를 이루며 사는 존재네요?
- 그렇지. 그래서 '너'라는 타자는 나를 완성하는 존재요, 나의 삶의 의미가 되는 존재가 된다네.
- 너 없이 나는 존재할 수 없으므로 '너'가 나의 존재 가치요, 의미요, 완성이네요? 그런데 왜 사람들은 '너를 죽여 나 살자' 하는 것이지요?
- 그게 타락한 죄인의 모습이지.
- 그렇다면 예수님의 하나 되게 해 달라는 기도는 이러한 코이노니아를 회복한 하나님과 서로 하나 된 코이노니아 공동체가 되게 해 달라는 기도였던 모양이네요?
- 그런 것 아니겠나?
- 그렇다면 타락이란, 이런 의미로는 코이노니아가 깨진 것이네요?
- 다인이 말이 맞지.

타락 / 코이노니아 파괴

- 자네들, 성경적인 의미에서 인간의 근본적인 죄가 무엇인지 아는가?

- 아, 예전에 세례 문답할 때가 생각나는데요? 세례 준비 교재에 인간의 근본적인 죄가 무엇이냐는 질문이 있었어요.
- 답이 무엇이었는지도 기억하나?
- '하나님 말씀에 불순종한 것이다.' 그렇게 가르쳤던 것 같은데요? 그러니까 근본적인 죄는 불순종이지요.
- 그 말도 맞는데, 사실은 불순종보다도 더 근본적인 죄가 있었어.
- 불순종보다도 더 근본적인 죄라고요?
- 타락 이야기를 한번 살펴볼까? 성경을 보면 선악과를 놓고 타락 이야기가 전개되는데, 선악과를 보고 하나님께서는 아담과 하와에게 뭐라고 말씀하셨던가?
- 창세기 2장 17절에 나옵니다.

창 2:17 선악을 알게 하는 나무의 열매는 먹지 말라 네가 먹는 날에는 반드시 죽으리라 하시니라

선악과는 먹지 말라고 하셨고 먹는 날에는 반드시 죽는다고 경고하셨습니다.
- 그러면 유혹자 뱀은 무엇이라 유혹하였던가?
- 창세기 3장 4절에 나오는데요.

창 3:4 뱀이 여자에게 이르되 너희가 결코 죽지 아니하리라

- 하나님의 말씀과는 정반대로 이야기하네요. 먹어도 결코 죽지 않을 것이라고 말하는군요.
- 현대적 용어로 표현하자면 선악과 하나를 놓고 두 개의 상반된 정보가 제공된 셈이지. 하나는 '먹으면 반드시 죽는다.' 다른 하나는 '먹어도 결코 죽지 않는다.' 자, 여러분! 이렇게 서로 반대되는 정보가 제공된다면 자네들은 어떤 정보를 채택하게 되겠나?
- 어느 정보가 바른 정보일지 좀 더 확인하는 절차를 밟겠지요?
- 좋아, 성진이가 신중하군. 그런데 이 정보의 경우는 진위를 가리려면 결국 먹어보아야 하는 경우라서 사실관계를 확인하기는 어려울 것이란 말이지. 그러면 어떤 정보를 선택하게 될까?
- 평소의 신뢰관계가 선택의 변수가 될 것 같은데요? 즉 누구 말을 믿을 것인가? 결국 신뢰의 문제, 믿음의 문제일 것 같습니다.
- 그렇지? 지원이 말이 맞지. 누구를 믿을 것인가의 문제로 집약되는 것이지. 그런데 하와와 아담은 누구 말을 믿었지?
- 우와, 그게 믿음의 문제이네요? 하와와 아담은 하나님의 말씀은 불신하고 뱀의 말은 신뢰했다는 이야기인데 여기가 문제의 근본이군요? 그렇다면 **인간의 근본적인 죄는 하나님의 말씀을 불신한 것**이네요.
- 바로 캐치했네. 그렇다면 이제 불신이 가져온 것이 무엇인가?
- 타락이지 무엇이에요?
- 그래, 타락인데, 어떤 결과를 가져오느냐는 말이야.
- 죽음의 운명이 되는 것이지요. 영생을 상실하는 것 말이에요?

- 그렇지. 맞는 말이야. 그렇지만 가장 먼저 일어난 고장은 하나님을 불신하므로 하나님과 갖는 코이노니아가 깨졌다는 것이지? 믿음 곧 신뢰는 코이노니아의 본질과도 같아요. 하나님을 불신하므로 하나님과의 코이노니아가 깨졌다는 것이 근본적인 타락의 문제가 된 것이라네.
- 하나님과의 코이노니아가 깨진 것이라면 인간 상호간 아담과 하와 간 코이노니아는 어찌 되었지요? 자동적으로 깨지나요?
- 자동적으로 깨진다고 말해야 하는 것은 아니지만 하나님과 코이노니아 관계가 깨졌을 뿐 아니라 뱀 즉 사탄 또는 마귀와 코이노니아를 이루는 것이 아니겠나? 마귀의 영향력을 받게 된 인간관계, 인간간의 코이노니아도 깨지는 것은 당연한 귀결이지. 마귀는 이 코이노니아를 깨는 목적으로 유혹한 것이니까. 하여튼 아담과 하와의 코이노니아도 여지없이 깨지는 모습을 성경은 보여 주고 있지.
- 어디에 있지요?
- 창세기 2장 23절을 보면 타락하기 전 아담이 하와를 맞이하면서 노래한 아름다운 시를 볼 수 있지.

> **창 2:23** 아담이 이르되 이는 내 뼈 중의 뼈요 살 중의 살이라 이것을 남자에게서 취하였은즉 여자라 부르리라 하니라

- 아름다운 시라고요?

- 이게 시가 아니겠나? 참 자네들, 다 결혼했거나 애인 있나?
- 왜 갑자기 애인은 물으세요?
- 애인 없는 사람이 있다면 애인 만드는 비결을 한 수 가르쳐 주려고….
- 아니, 할아버지가 요즘 젊은이들의 연애를 코치하겠다고요?
- 너무 무시하지 말게. 아무리 시대가 바뀌어도 변치 않는 원리는 있는 법이니까….
- 그래요? 어디 말씀해 보세요.
- 성진이는 그래도 구미가 당기는 모양이군. 맘에 드는 상대가 있거들랑 쪽지 하나 건네라고.
- 쪽지요? 에이, 요즘 젊은이들은 쪽지 건네고, 뭐 그건 안 통해요. 옛날이야기예요.
- 어허, 쪽지에 뭐라고 쓰느냐에 따라 다르지.
- 뭐라고 쓰는데요?
- "그대를 보니 나는 창세기 2장 23절에 나오는 시를 읊고 싶어지네요."라고 쓰는 거야.
- "그대를 보니 내 뼈 중의 뼈요 살 중의 살이로다." 그렇게 읊고 싶다고요?
- 그래, 그러면 거의 백발백중이야.
- 에이, 할아버지, 개그로 인정하겠습니다.
- 하여튼 이렇게 감탄했던 아담인데, 이것을 인칭으로 생각해 본다면 아담은 하와를 몇 인칭으로 말한 셈인가?

- 1인칭이라고 해야 하나요?
- 그렇지 않겠나? 그런데 선악과를 먹은 후에 하나님께서 아담에게 책임을 물으시자 뭐라고 대답하던가?

> **창 3:12** 아담이 이르되 하나님이 주셔서 나와 함께 있게 하신 <u>여자 그가</u> <u>그 나무 열매를 내게 주므로</u> 내가 먹었나이다

- 하나님이 주신 여자, 그가 주어서 먹었다고 하네요. 하나님이 주신 여자, 그래서 하나님에게 책임이 있다는 말투고요, 또 하와를 '여자 그가'라고 삼자로 부르네요.
- 그렇지, 여기서는 삼인칭으로 불러. 타락 이전에 자기 뼈 중의 뼈요 살 중의 살이던 한 몸이 이제 갈라져. 그리고 삼자로 전락시켜. 이것이 타락이지. 인간 상호간의 코이노니아도 깨지는 소리가 들리지 않나?
- 그래서 타락한 인간 세상에 갈등과 배신, 서로 물고 먹는 저주와 살인이 무성하게 되었군요?
- 근본적으로 인간은 혼자 살도록 창조된 것이 아니고 하나님과 인간 상호간 코이노니아를 이루며 더불어 살도록 창조된 것이네요. 그런데 타락하며 죄와 죄의 근원 된 사탄의 영향을 받으며 서로 죽이는 타락한 죄인의 삶이 되었군요.
- 그렇다면 구원이란 단순히 지옥 갈 사람을 천국 가게 하는 것만이 아니고 이 코이노니아를 회복하게 하는 차원도 구원의 범주에

속하겠는데요?
- 맞는 말이지. 이제 예수님의 구원의 역사를 생각해 보자고. 구원의 역사를 대변하는 사건이 무엇인가?
- 예수님의 십자가 대속 사건 아닌가요?

십자가 / 코이노니아 회복

- 그래, 예수님의 십자가가 무엇인가?
- 우리 죄를 지고 담당하시고 대신 심판을 받으신 대속의 십자가지요?
- 좋아. 물론이지. 여기서 대속론, 구원론 등 신학적 토론을 하고 싶지는 않고, 또 다 배우고 아는 사실이니까 생략하고…. 예수님께서 지신 십자가의 모양을 생각해 봐. 선 두 개가 하나는 위 아래로, 하나는 좌우로 그어져 있어.
- 코이노니아를 생각하며 보니 대단한 상징이네요. 두 개의 다리가 십자가로 놓였는데 하나는 하나님과 나와의 관계에 끊어진 관계를 이어주는 다리이고, 다른 하나는 너와 나와의 관계를 이어주는 다리로 상징되는 것 같네요?
- 그렇지, 성경도 그렇게 증거하기도 해.
- 어느 구절에서요?
- 에베소서 2장 14-18절에 말씀하시지.

> **엡 2:14-18** 그는 우리의 화평이신지라 둘로 하나를 만드사 원수 된 것 곧 중간에 막힌 담을 자기 육체로 허시고 법조문으로 된 계명의 율법을 폐하셨으니 이는 이 둘로 자기 안에서 한 새 사람을 지어 화평하게 하시고 또 십자가로 이 둘을 한 몸으로 하나님과 화목하게 하려 하심이라 원수 된 것을 십자가로 소멸하시고 또 오셔서 먼 데 있는 너희에게 평안을 전하시고 가까운 데 있는 자들에게 평안을 전하셨으니 이는 그로 말미암아 우리 둘이 한 성령 안에서 아버지께 나아감을 얻게 하려 하심이라

- 그렇네요. 둘로 하나를 만드신다든지, 또 둘을 한 몸으로 하나님과 화목하게 한다든지, 둘이 아버지께 함께 나아가게 한다는 말씀은 나와 너도 하나 되고 하나님과도 하나 되게 하는 코이노니아 회복을 말씀하네요.
- 물론 여기 둘이 하나 되는 것은 직접적으로는 유대인과 이방인을 하나 되게 한다는 말이긴 하지만 궁극적으로 갈라진 인간 간의 코이노니아를 이어 회복하고 또 하나님과의 코이노니아를 이어 회복한다는 뜻이지.
- 코이노니아란 관점에서 보니 인간론도 타락론도 구원론도 달리 보이네요. 그렇다면 구원이란 단순히 지옥 갈 영혼을 천국 갈 영혼으로 구원한다는 것만 아니고 하나님과 인간 상호간의 누리는 코이노니아를 회복하게 하는 것을 포함하는 것이군요?

교회 / 회복된 코이노니아 공동체

- 그렇지. 그래서 이제 교회란 무엇인가 하면 이 코이노니아를 회복해서 살도록 하신 공동체란 말일세. 인간은 코이노니아로서 살아가는 존재야. 창조 시에 하나님의 섭리가 인간은 코이노니아로 살라는 것이지. 그런데 타락으로 코이노니아 공동체가 깨지고 코이노니아 인간성을 상실한 중에 이제 코이노니아가 회복된 공동체적 인간으로서의 삶을 위하여 하나님께서 만드신 것이 교회란 말일세.
- **교회란 회복된 공동체로서 참 인간의 본질적인 삶을 회복하고 누리는 코이노니아 공동체라는 말이네요?**
- 그렇지. 바울 사도가 교회의 성격을 규정하는 비유 중 가장 두드러지고 핵심적인 비유가 무엇인지 아나?
- 지원이 형, 신학교에서 교회론 배우지 않아요?
- 아직은 거기까지 못 배웠어. 이제 1학년인 걸···.
- 교회론을 따질 것도 없어. 교회를 그리스도의 몸으로 비유한 것이 가장 두드러지고 교회의 특성을 잘 설명해 주는 비유이지(고전 12장; 엡 4장 등).
- 지체가 많으나 한 몸인 것같이 성도 개인이 많으나 한 몸으로 살아가는 코이노니아 공동체라는 말이지요?
- 바로 그 말이야. 그래서 한 지체가 고난을 받으면 함께 고통을 당하고, 한 지체가 영광을 얻으면 함께 기뻐하는 하나 된 공동체라

는 거야.

고전 12:26 만일 한 지체가 고통을 받으면 모든 지체가 함께 고통을 받고 한 지체가 영광을 얻으면 모든 지체가 함께 즐거워하느니라

- 그런데 이러한 경험이 쉽게 안 되거든요. 누가 아프다고 내가 아파하는 것이라든지, 누가 잘되면 함께 기뻐하기는커녕 질투하게 되는…. 전혀 현실과는 거리가 먼 이야기들이에요.
- 우리들에게 하나 된 코이노니아 공동체란 한 이상에 불과한 것처럼 느껴질지도 모르지.
- 그럼 그리스도의 몸 된 공동체, 코이노니아 공동체는 과연 한 이상(Ideology)인가요? 경험 가능한 현실적 실재(Reality)일까요?

- 이야기하며 오다 보니 다 왔습니다.
- 그렇네. 저기 넓은 공터에 주차하고 이제 황금산을 산행하며 이야기를 이어가지.

코이노니아 공동체는 이상인가, 현실인가?

- 오늘 우리의 교회에서는 이러한 진리를 자세히 들어 보지도 못할 뿐 아니라 코이노니아가 현실적 실재라는 느낌을 갖지 못하는 것 같거든요?

- 네, 제 생각도 마찬가지인데요, 솔직한 고백으로 같은 교회에서 신앙생활을 한다고 해도 한 지체가 고통하면 같이 고통하고 한 지체가 영광을 얻으면 함께 기뻐한다는 것이 현실적이지는 않은 것 같거든요. 요즘 대학 입시 시즌인데 내 아들은 서울에 있는 대학 어디도 가지 못하고 지방대학에 가게 되었는데 다른 성도의 아들이 서울대에 가게 되었으면 배 아프고 질투하게 되지 기뻐하게 되지 않거든요?
- 그런 경험들로 보면 이게 현실성 없는 이상이라고 생각될 때도 많은데…. 그러나 초대교회에서는 함께 고통하고 함께 기뻐하는 공유 경험이 자연스러운 삶의 과정이었거든.
- 초대교회에서는 한 몸처럼 살아가는 게 이상이 아니고 현실이었다는 말인가요?
- 그랬지. 한번 살펴보자고….

> **행 2:43-47** 사람마다 두려워하는데 사도들로 말미암아 기사와 표적이 많이 나타나니 믿는 사람이 다 함께 있어 모든 물건을 서로 통용하고 또 재산과 소유를 팔아 각 사람의 필요를 따라 나눠 주며 날마다 마음을 같이 하여 성전에 모이기를 힘쓰고 집에서 떡을 떼며 기쁨과 순전한 마음으로 음식을 먹고 하나님을 찬미하며 또 온 백성에게 칭송을 받으니 주께서 구원받는 사람을 날마다 더하게 하시니라

> **행 4:32-35** 믿는 무리가 한마음과 한 뜻이 되어 모든 물건을 서로 통용

하고 자기 재물을 조금이라도 자기 것이라 하는 이가 하나도 없더라 사도들이 큰 권능으로 주 예수의 부활을 증언하니 무리가 큰 은혜를 받아 그중에 가난한 사람이 없으니 이는 밭과 집 있는 자는 팔아 그 판 것의 값을 가져다가 사도들의 발 앞에 두매 그들이 각 사람의 필요를 따라 나누어 줌이라

- 글쎄요, 사도행전 이 두 군데를 보면 초대교회 성도들은 서로 하나 되어 삶을 나누고 있었던 게 틀림없네요. 어떻게 가능했을까요?
- 초대교회 시절에는 좀 단순한 사회이지만 오늘 현대 사회는 복잡한 사회로서 이게 가능할까요?
- 그게 내가 고민하고 씨름하던 질문이라네.
- 그럼 그 질문에 해답을 얻으셨나요?
- 그래서 사도행전을 좀 더 깊이 묵상해 보았지.
- 그래서 발견하셨어요?
- 두 가지 가능성의 이유를 발견했어.
- 두 가지요? 무엇 무엇인가요?

- 선생님, 황금산이 높지는 않군요? 저 아래 바다가 보이네요?
- 응, 왼쪽으로 조금 올라가면 정상인데, 우리는 저 바닷가로 내려가자고….

2
코이노니아 경험을 위한 코이노니아 소그룹

- 코이노니아를 경험하는 두 가지 가능성 이야기를 하시려는 참이었습니다.

성령 공동체

- 응, 그랬지? 무엇보다도 초대교회 공동체는 성령 충만한 공동체로서 성령님이 하나 되게 하시는 동력이었지.
- 성령 충만해서 성령의 은혜를 따라 사랑을 주고받는 공동체가 되었다는 말씀인가요?
- 그렇지.
- 그럼 오늘날 교회는 성령의 은혜 안에 있지 못하므로 그러한 사랑의 능력을 경험하지 못하고 있다는 말씀인가요?

- 그렇지, 우리의 의지적 사랑도 필요하지만 우리의 의지적 사랑이라는 게 한계가 뻔해. 하지만 그 넘치는 사랑이 내게서 나오질 못하는데 만일 우리가 성령 충만하면 성령의 사랑으로 사랑하게 되는 것이지.
- 성령 충만한 영성 회복은 이런 차원에서라도 현대 교회의 과제로군요?
- 초대교회의 그러한 하나 된 사랑과 친교의 영성은 성령의 은혜였다는 것을 증거하는 성경구절이 있어.
- 어디에요?
- 고린도후서 8장 1-2절이야.

> **고후 8:1-2** 형제들아 하나님께서 마게도냐 교회들에게 주신 은혜를 우리가 너희에게 알리노니 환난의 많은 시련 가운데서 그들의 넘치는 기쁨과 극심한 가난이 그들의 풍성한 연보를 넘치도록 하게 하였느니라

- 이 말씀이 왜요?
- 이 말씀은 초대교회 당시 유대 지역에 가뭄이 들고 기근이 들어서 당시 많지 않지만 그래도 세워진 교회들이 유대의 형제들을 살리자면서 소위 모금운동을 해서 유대로 보내게 되는데, 바울 사도가 고린도 교회에도 이 일에 힘쓰라고 하면서 마게도냐 교회의 예를 들고 있는 말씀이야. '마게도냐 교회들에게 주신 은혜'가 '환난의 많은 시련 가운데서 넘치는 기쁨'과 '극심한 가난이 풍성한 연보(구제헌금)'을 하게 하였다는 것이지.

- 이게 무슨 말씀이에요? 환난의 많은 시련 가운데서 어떻게 기쁨이 넘쳐요? 극심한 가난 속에서 어떻게 풍성한 헌금을 해요? 완전 역설인데요?
- 그것이 은혜의 능력이라는 것이지. 우리가 성령의 은혜를 받으면 성령께서 감동하심과 그분의 사랑의 생명력이 우리에게 넘쳐흘러 환난도 기쁨으로 승화시키는 능력이 생기고 가난해도 나눌 수 있는 사랑이 넘쳐나는 거야. 그러니 내 능력으로는 그러한 사랑이 흘러나가지 못하지만 성령의 은혜의 능력으로 사랑이 넘쳐흘러서 자기들도 가난하지만 굶어죽는 형제들을 살리는 연보에 풍성함을 이루게 한 것이란 말이지.
- 아, **교회의 영성은 코이노니아 영성, 사랑과 나눔과 더불어 사는 영성인데 그 더불어 사는 사랑의 능력은 성령께로부터 주어진다**는 진리이군요. 그렇다면 성령 충만한 교회가 되도록 영성을 회복하는 일이 중요한 일이겠군요?
- 선생님, 원리적인 차원에서는 이해가 되는데요, 어떻게 하면 성령 충만한 교회가 될 것인가, 여전히 과제와 질문은 남는데요?
- 그렇지? 그래서 내가 발견한 두 번째 발견이 중요한 힌트를 제공했어.
- 그것은 또 무엇인가요?
- 어떻게 성령 충만한 교회가 될 것인가도 중요한 과제이지만, 어떻게 과연 코이노니아의 삶이 경험되어야 한다는 것인가 하는 질문이 내게 끊임없이 탐구하게 하는 이유가 되었지. 그런데 사도행전 본문에서 또 하나의 힌트를 얻었지.

- 그게 무엇이죠?

집에서 떡을 떼며 / 소그룹 모임

- 초대교회의 라이프 스타일을 본 거야. 특히 초대교회의 구조가 두 개의 구조로 엮이며 공유 경험을 이루었다는 것이지.
- 두 개의 구조라고요?
- 응, 사도행전 2장 46절을 다시 한 번 보자고….

> **행 2:46** 날마다 마음을 같이하여 성전에 모이기를 힘쓰고 집에서 떡을 떼며 기쁨과 순전한 마음으로 음식을 먹고

- 성전에서 모이는 것과 집에서 모이는 것 두 가지 모임이 있었다는 것을 말하나요?
- 눈치가 빨라. 정확한 분석이야. 초대 예루살렘 교회는 갑자기 부흥하면서 3천 명, 5천 명, 신자 수가 늘었는데도 불구하고 성전에 모이는 구조만 아니라 집에서 떡을 떼는 구조가 살아 있었다는 점이고 그 후 개척되는 교회들은 대부분 집에서 교회가 개척되고 있었지. '오늘날 현대교회가 코이노니아를 많이 상실한 이유는 교회가 대형 교회화하고 제도화하면서, 이렇게 집에서 떡을 떼고 친교하고 서로 사랑하고 나누는 코이노니아 경험이 사라진 것이 문제였구나' 하고 깨닫는 깨달음이었어.

- 현대교회가 코이노니아가 많이 상실되고 코이노니아 경험을 갖지 못하게 된 것은 성령 충만하지 못하다는 영적인 문제만이 아니고 소그룹에서 나누는 삶을 버렸기 때문이라는 것을 깨달았다는 말씀인가요?
- 그렇다네.
- 생각해 봐. 초대 예루살렘 교회가 5천 명 이상 모이는 교회가 되었는데, 이러한 대형 모임에서 서로를 이해하고 서로 사랑하는 친교가 어떻게 가능하겠는가?
- 그런데 집에서 떡을 떼며 친교를 나누는 구조가 있었기 때문에 신자가 많아도 집에서 모이는 작은 구조의 모임에서 서로를 알고 나누고 기도하면서 사랑을 주고받는 경험을 했을 것이라는 말씀이지요?
- 그렇지 아니한가?
- 그래서 결론은 소그룹에서 나누고 교제하고 사랑을 경험하는 것이 중요하다는 말씀이지요?
- 그렇지 않겠는가?
- 아니, 우리 한국교회 같은 경우는 구역이라는 소그룹이 있지 않나요?
- 있지. 사실은 한국교회 부흥의 요소 가운데 구역이라는 소그룹이 해낸 역할이 대단해. 그런데 근래 들어 이 코이노니아 원리를 모르고 구역이 운영되다 보니 구역이 제 역할을 못하는 것이고 이 역시 싫어 버린 바 되는 경우가 많아진 거야.
- 그럼 선배님이 깨달은 코이노니아를 이상이 아닌 실재로 경험하는 원리와 실제는 무엇이었나요?

교회의 코이노니아 / 삼위일체적 친교

- 가장 중요한 원리는 우리의 코이노니아는 **너와 나만의 코이노니아도 아니고 나와 하나님만의 코이노니아도 아니고 '나와 너와 하나님과 함께 하는 코이노니아'**라는 점이 가장 중요한 원리야.
- 삼위일체적 코이노니아라는 원리가 중요하다고요? 구체적으로 예를 들면 어떤 것인가요?
- 우리나라의 교회가 구역이라는 소그룹이 있어서 코이노니아 경험이 풍성해질 수 있는 구조를 갖추고 있는데 그러지 못한 이유가 무엇인가?
- 글쎄요, 선생님, 그 대답을 해 주세요.
- 구역 모임의 형태를 생각해 봐. 구역에 모여서 하는 게 무엇인가?
- 구역 예배를 드리지요.
- 예배는 하나님과 만나고 하나님과 코이노니아를 기대할 수 있는 것이지?
- 그렇지요.
- 그럼 구역 식구 상호간에는 언제 코이노니아를 경험하지?
- 아하, 하나님께 예배하는 모임으로만 할 경우 하나님과 수직적 교제는 가능하지만 성도 상호간의 소통은 없고 친교가 없다는 말씀이군요? 그러면 예배 형식이 아닌 다른 무엇이 필요하겠는데요?
- 성진이가 눈치 빠르게 포착한 것 같은데 우리의 구역 모임은 예배 모임이고 그것도 주일 아침에 교회 가서 예배하는 것과 거의 똑같

은 예배를 구역에서 한 번 더 하고 있는 것에 불과해. 예배는 기본적으로 수직적 코이노니아이고 수평적 코이노니아는 거의 안 되지?
- 아, 그래서 소그룹 같은 작은 구조의 모임은 있으되 떡을 떼며 서로 소통하고 나누는 수평적 코이노니아가 없는 모임이 되었다는 약점이군요?
- 안 그런가?
- 그러면 구역 모임 같은 소그룹 모임 형태에 변화를 주어야 하겠군요?
- 모임의 형태에 변화를 꾀하기 전에 그 원리를 분명히 해야 해요. **교회의 코이노니아는 성도 상호간의 수평적 코이노니아와 하나님과 갖는 수직적 코이노니아가 따로따로 노는 게 아니고 하나 된 코이노니아**라는 것이지. 그래서 구역 같은 소그룹 모임은 이 두 요소를 함께 충족시키는 형태로 운영되어야 한다는 말이야.
- 그게 어떻게 가능한데요?

- 지원이 형, 잠깐만…. 선생님, 해변에 내려오니 지금 막 해가 바다로 내려가려고 하는데요, 이거 일몰 사진은 찍고 이야기를 해야 하지 않나요?
- 그러세, 나도 카메라를 메고 왔으니 일몰 사진은 찍어야지. 카메라 들고 온 사람들은 일몰 사진 다 찍자고.
- 저는 카메라 안 가지고 왔는데요?
- 이봐, 다인이는 그러면 핸드폰으로라도 찍으면 되잖아?

- 선생님, 오늘 이곳에서 보는 일몰은 정말 멋진데요?
- 멋지지? 그래서 이곳으로 일몰 시간 맞추어 온 것이네. 그런데 일몰은 어디서나 볼 수 있는데 여기 일몰이 더 아름답게 느껴지는 까닭은 무엇이겠나?

- 조화와 균형미라고 할까요? 어울림의 미학이라 할까요?
- 우아, 다인이가 멋진 문자를 쓰네?
- 다인이 말대로 어울림의 미학이라고 할 수 있겠지.
- 좀 유치하지만 어떤 어울림인지도 설명해 줄래?
- 보세요, 윗부분 하늘색에 붉은 구름 색깔에 노랗게 넘어가는 태양 색깔 등 하늘과 땅에서는 바다와 땅, 특히 바위의 조화가 기막힌 어울림을 이루고 있지 않아요?
- 그렇지? 하늘과 땅과 바다의 어울림, 여기도 삼위일체적인 어울림 아닌가?

- 네, 코이노니아 같은 어울림이네요.
- 그래, 기억하게. 바다와 하늘의 일몰보다 땅과 하늘의 일몰보다 바다와 땅(바위)과 하늘이 어울린 풍경이 훨씬 아름답지 아니한가? 이 풍경을 마음에 담아 두고 기억들 하게.
- 무엇을 기억하라고요?
- 성경적 코이노니아는 나와 너와 하나님이 하나 되는 코이노니아라는 것 말이야.
- 그래서 반복하지만 **교회의 코이노니아는 성도 상호간의 수평적 코이노니아와 하나님과 갖는 수직적 코이노니아가 따로따로 노는 게 아니고 하나 된 코이노니아**라는 진리를 품어라, 그 말씀이지요?
- 그렇다네. 그래서 이 원리가 살아나는 코이노니아 모임으로 운영해야 현실적이고 실제적 경험이 일어나는 소그룹이 될 것 아니겠나?
- 단순히 구역이나 목장으로 소그룹으로 나누기만 하면 되는 것이 아니라 수평적, 수직적 코이노니아가 다 살아나는 방식으로 운영되어야 한다는 말씀이지요?
- 그렇지. 자, 이제 돌아가면서 이야기를 계속하자고.
- 그러면 어떻게 소그룹을 운영해야 하나요?

코이노니아 모임 / 예배+나눔

- 그래서 '**예배+나눔**'이라는 공식을 만들었지.
- 예배도 드리고 나눔도 한다는 말씀인가요?

- 그렇다네.
- 조금 더 구체적으로 말씀해 주시지요?
- 그러지, 우선 이 코이노니아 원리를 깨닫고는 바나바훈련원에서 훈련 사역을 하는 데 적용하기로 하였지. 바나바훈련원에서는 한 해에 60명씩 모집하여 훈련했는데, 강의는 전체를 놓고 하지만 10명씩 소그룹을 만들어 '조'라고 이름하고 각 조를 지도하는 조교를 두었지. 조교는 이미 훈련을 받은 사람 가운데서 헌신하여 자원 봉사하게 하였고. 아침마다 한 시간씩 조별로 모여 조교의 지도하에 그날 말씀 묵상한 것을 나누고 깨닫고 들은 음성을 순종하고 실천할 수 있기를 위하여 서로 축복하며 기도하는 모임을 갖게 했지. 이것은 훈련 초기부터 실행하는 거야.
- 말씀 묵상을 나누는 것으로 적용했단 말씀인가요?
- 아니, 코이노니아 원리를 확신한 후부터는 아침마다 말씀 묵상한 것을 나누는 모임 외에 두세 차례 조별 모임을 더 갖게 되었어. 주로 저녁이나 오후 시간에 갖게 되었는데, 이때는 이제 각 교회에서도 적용할 수 있도록 '예배+나눔'의 틀을 사용하게 했지.
- 그 틀은 구체적으로 어떤 틀인가요?
- 예배의 영어 Worship이라는 단어를 사용해서 Worship으로 만들었지. Wor는 Worship 그대로 예배라는 순서를 가지고, Sh는 Sharing 나눔의 약자로 이해하고, IP는 Intercessory Prayer 중보기도의 약자로 사용하여 '예배나눔중보기도'가 되는 틀이지. 핸드폰에 저장해 왔는데 보게.

1) 코이노니아 모임의 틀 WOR-SH-IP

코이노니아 모임의 틀
WOR-SH-IP

시작기도/리더의 대표기도로 시작한다.
Worship(예배)
찬송가 또는 복음송으로 15-20분 찬양예배를 드린다.
Sharing(나눔)
말씀,
예수님 자랑하기(감사),
예수님 기대하기(기도제목)를 나누고
예수 이름으로 축복하기(사랑으로 기도)를 한다.
Intercessory Prayer(중보기도)
영혼 구원을 위한 중보기도, 선교 중보기도를 드린다.
마무리기도/대표기도(리더, 지정)로 마무리 한다.

- 선생님, 좀 설명을 해 주셔야 할 것 같은데요?

시작기도

- 공식적인 시작은 리더나 리더가 지정하는 사람이 대표 기도함으로 시작하는 것이 무난하지.
- 선생님, 어떤 셀 교회 모임에서는 공식적인 개회 이전에 아이스브레이킹 시간을 가지라고 조언하던데요?

- 물론 대표기도를 시작하기 전 비공식적이긴 하지만 모여 오는 동안 유머를 해서 아이스브레이킹이 되게 하는 경우도 좋지. 그러나 이 유머라든지 아이스브레이킹 순서는 반드시 공식화할 필요는 없고 분위기 따라서 자연스럽게 하면 될 거야.

찬양예배

- 그러고 나서 찬양예배를 드리는 것인데요. 설교가 없이도 예배가 되는 것인가요?
- 아주 보수적인 사고를 가진 사람들은 설교가 없는 것은 예배가 아닌 줄로 생각하는 경우도 있던데요? 그래서 찬송은 설교를 잘 듣도록 준비하기 위한 과정 정도로 생각하는 경우도 있어요.
- 그런 경우도 있지만 사실은 찬양 자체가 예배야. 요한계시록에 보면 천국에서도 예배가 있는데 천국에서는 설교는 없고 찬양만 있어. 찬양 자체가 예배의 본질이야. 그러므로 진지하게 성령님의 임재 가운데 주님께 찬양을 바치는 예배가 되게 해야 하지. 그러기 위해서는 찬양도 미리 준비해서 진지하게 해야 돼. 인도자는 미리 악보도 준비하고 될 수 있는 대로 모든 지체가 잘 아는 찬송으로 선곡을 해야 하고 말일세.
- 찬양 인도는 언제나 리더가 해야 할 필요는 없겠지요? 찬양 인도에 은사가 있는 지체가 있다면 그에게 맡겨도 되겠지요?
- 물론이지. 아니면 지체가 돌아가면서 하루는 A가 인도하면 다음

에는 B가 인도하게 할 수 있지. 그런 경우 미리 정해 주어서 준비하게 해야겠지?
- 그러면 나눔은 어떻게 하나요? 순서 내용이 많네요?

나눔

- 많지? 이 틀은 교회에서 구역이나 목장 같은 소그룹에서 사용하는 틀로 생각하고 만든 것인데, 자네들 학교에서의 모임은 조금 다를 수도 있겠지? 그러나 교회에서 사용하는 틀을 먼저 이해하고 경우에 따라 적용하기로 해야 할 것 같아.
- 여기서 말씀은 무엇이지요?
- 설교를 대신하는 것이지. 주일 아침 설교를 중심으로 나누게 하는 거야.
- 구역장이나 목자가 설교하는 게 아니고 주일 아침 담임목사님이 설교한 것을 나누게 한다고요?
- 그렇다네. 그렇게 하면 구역장이나 목자가 갖는 설교에 대한 부담을 줄이고 또 사실 구역장의 설교를 듣느라고 수고하는 것보다 지체들도 좋고 그 대신 담임목사 설교를 귀 기울여 듣고 삶에 적용하는 연습을 하게 하는 것이라네. 담임목사로서는 이 부분을 위해서 더욱 정성껏 잘 정리되고 영감에 찬 설교를 하는 노력을 해야 될 것이고….
- 모든 성도들이 작은 노트를 가지고 다니며 주일 설교 제목과 본문은 물론 대지와 깨달은 점 등 메모하게 하는 습관을 갖도록 격

려하면 좋겠군요?
- 그렇지. 그리고 코이노니아 모임에서는 그 말씀을 어떻게 적용하며 살았는지를 나누게 하는 것이라네.
- 그러면, '예수님 자랑하기'(감사)는 무엇이지요?
- 말씀 적용을 포함하여 한 주간 동안 살아오면서 주님의 은혜와 축복을 되돌아보며 주님의 은혜와 축복 즉 감사한 일을 나누는 것이지.
- 먼저 주님의 은혜와 축복 등 긍정적인 면에 초점을 맞추도록 하는 것이로군요?
- 그렇다네. 어차피 한 주간의 삶의 이야기를 나누는 것인데 예수님, 우리 주님을 자랑하는 감사의 내용을 중심으로 나누게 하는 것이지. 어려움도 있겠지만 어려움 중심으로 이야기하는 스타일이 되면 부정적인 감정에 빠지는 경우가 많아. 그래서 아무리 어려웠던 이야기를 해도 감사라는 관점으로 이야기하도록 습관을 들일 필요가 있어.
- 그리고 '예수님 기대하기'(기도제목)는 무엇이지요?
- 예수님 기대하기는 기도제목을 이야기하는 것인데, 기도제목은 대체로 남아 있는 어려움이나 과제를 이야기하게 되니까 어려움이나 과제를 이야기하되 부정적인 언어나 부정적인 분위기로 끝나지 않도록 "이러이러한 어려움이나 기도제목이 있는데 함께 기도해 주시면 주님이 이루어주실 것을 기대합니다"라는 식으로 긍정적인 믿음으로 이야기하도록 하기 위하여 기도제목이라는 말보다 '예수님 기대하기'라는 말을 굳이 쓴 것이라네.
- 아, 그렇군요. 모든 것을 긍정적인 분위기로 가져갈 필요가 있군

요? 그러면 이 세 가지를 따로따로 나누는 것이 아니라 한 사람씩 한 번에 다 나누는 것이네요?
- 그렇다네. 나눌 때 리더는 이렇게 시작할 수 있지.
"여러분, 지난 주일에 목사님 설교 주제가 무엇이었지요?"
"네, 그러면 본문은 어디였지요?"
"이 말씀을 어떻게 삶에 적용하셨는지와 일주일 동안의 삶에서 주님의 은혜와 축복이 무엇인지 예수님 자랑하기 즉 감사한 일과 또 예수님 기대하기 즉 기도제목이 무엇인지를 함께 나누어 주실래요?"
- '예수 이름으로 축복하기'란 결국 사랑의 중보기도를 의미하겠군요?
- 사랑의 중보기도란 무엇이고 어떻게 하는 것인데요?
- 우선 사랑하는 마음으로 그 기도제목이 성취되도록 간절히 기도하는 것으로 알고 시행하세. 나중에 이 주제는 한 번 별도로 다루지.
- 자연스레 코이노니아 모임은 기도하는 모임이 되겠네요?
- 그렇다네.
- 선생님, 이 경우도 모인 지체가 한꺼번에 다 나누고 전체를 위하여 기도하는 것보다, 두세 사람이 나누고 그 사람들을 위해 기도하고, 다시 두세 사람이 나누고 다시 기도하고 해서 기도의 집중도를 높이는 것은 어떨까요?
- 좋지. 그리고 특별한 경우, 어떤 지체가 정말 마음 아파하는 일이 있다든지, 몸이 심히 아프다든지, 집안에 시간을 다투는 기도 제목을 내놓은 경우 등에는 그 한 사람을 놓고 서로 부둥켜안고 뜨

거운 사랑으로 기도하는 게 좋지. 좌우지간 사랑을 쏟아부으며 기도해야 하는 거야.
- 예수 이름으로 축복하기 즉 사랑의 중보기도까지가 나눔이란 말이지요? 그러고 나서 중보기도가 또 나오는데 이건 무엇이지요?

중보기도

- 이전에 행한 중보기도는 서로를 위한 사랑의 중보기도로 나눔 항목에 들어갔는데, 여기 더해진 중보기도는 소그룹 공동체의 사역으로서의 중보기도 사역이야.
- 그게 무슨 말씀이지요?
- 나중에 사역으로서의 중보기도에 대하여 별도로 나누는 기회를 갖기로 하고 특히 교회에서의 구역이나 목장에서는 소그룹 전도도 하게 되거든. 그래서 전도 과정으로 영혼 구원을 위한 중보기도를 하게 되는데 그 사역으로서의 중보기도야. 학교에서 모이는 자네들 모임에서도 전도 계획을 세우고 영혼 구원을 위한 중보기도를 해야지. 이 영혼 구원 중보기도에 대해서는 '전도 영성'을 다룰 때 자세히 나누기로 하자고.
- 그러고 나서 마칠 때는 리더가 역시 대표기도를 하고 마치나요?
- 언제나 리더가 대표기도 한다고 생각할 필요는 없지. 리더가 책임지고 누구에게 마무리 기도를 하도록 지정해서 해도 되지. 지금 말한 이 모임 틀을 다시 정리해 볼까?

WOR-SH-IP

- 시작 기도/ 리더가 대표 기도하여 시작한다

  1. Worship/ 찬양으로 예배드린다.

  I) 예배는 찬양예배로 15-20분, 찬송가나 복음송 등 모두가 잘 아는 곡으로 미리 준비하여 인도한다.

  II) 찬양예배가 준비 과정이 아니고 진정한 예배가 되게 한다.

  III) 찬양예배 인도는 항상 리더가 해야 할 필요는 없다. 돌아가면서 인도하게 하든지, 은사를 가진 자가 인도하게 하든지, 리더의 책임하에 누군가가 준비해 와서 인도하게 한다.

  2. Sharing/ 나눔의 시간을 갖는다.

  1) 나누는 내용은 말씀 나눔, 예수님 자랑하기(감사), 예수님 기대하기(기도제목), 예수 이름으로 축복하기(사랑의 기도)로 이루어진다.

  2) 말씀이란 지난주 설교 말씀으로 그 말씀을 리더가 한번 확인하고 말씀을 어떻게 삶에 적용하게 되었는지를 나눈다.

  3) 예수님 자랑하기(감사)란 말씀 생활을 포함하여 일주일 동안 살아오면서 감사했던 일을 나눈다.

  4) 예수님 기대하기(기도제목)란 가지고 있는 어려움이나 해결해야 할 문제 또는 이루어야 할 과제 등을 나눈다.

  5) 위의 세 가지 내용은 따로따로가 아니라 함께 나눈다.

  6) 예수 이름으로 축복하기 즉 나누는 중 이야기된 형제나 자매

의 기도제목을 함께 짊어지고 사랑으로 기도한다.

7) 이때 한꺼번에 모든 지체가 나누고 한꺼번에 기도하지 말고 원칙적으로는 한 사람씩 나누고 그 사람을 위하여 기도하는데 시간이 너무 늘어질 때는 두세 사람씩 나누고 두세 사람 몫을 묶어서 사랑의 중보기도를 한다.

8) 그리고 또 두세 사람씩 나누고 또 기도한다.

9) 단, 매우 긴급한 기도제목, 예컨대 지금 당장 배가 뒤틀리고 아파서 앉아 있기 어렵다는 것 같은 기도제목이나 시간을 다투는 기도제목이 나왔을 때는 즉시 기도한다.

10) 특별히 외로움이나 마음 아픈 일이나 몸이 많이 아픈 경우에는 함께 끌어안고 기도하는 분위기가 좋다.

3. Intercessory Prayer/ 중보기도 사역을 한다.

1) 이 중보기도 사역은 새 신자로 구성된 초기 모임에서는 생략할 수 있다.

2) 본격적인 미션 과정 즉 소그룹 전도에 들어가게 되면 영혼 구원 중보기도를 하게 된다.

마무리 기도/ 지체 중 한 사람이 대표로 기도하고 마친다.

- 그런데 가장 중요한 것은 사랑의 중보기도를 진지하게 부르짖는다는 거야.

- 사랑의 중보기도에 대하여 좀 가르쳐 주시지요.
- 사랑의 중보기도의 성경적 배경과 이해에 대해서는 좀 있다가 다시 이야기하기로 하고 우선 사랑하는 마음으로 지체의 기도제목을 함께 짊어지고 간절히 부르짖는 기도를 하는 거야.
- 그러니까 이야기를 나누고 끝나는 것이 아니라 나온 기도제목을 가지고 서로를 위하여 기도하는 것인 모양이네요?
- 그렇지. 보통 살아온 이야기, 기도제목을 나누다 보면 길어져요. 보통 두 시간 정도 나누게 돼요. 그런데 자칫하면 이야기만 많이 하고 마무리할 때 모두 묶어 한 2분 기도하고 끝내는 경우가 일반적인데, 우리는 서로 형제를 위하여 기도하는 부분을 중요하게 여기도록 하였지. 그래서 10명이 나누고 한 번 도매금으로 기도하지 말고 2-3명씩 나누고 그들을 가운데 앉히고 둘러앉거나 서서 그들에게 서로 손을 어깨에 얹고 그들의 기도제목이 바로 오늘 이 시간 응답되기를 위하여 사랑과 열정을 쏟아 기도하게 하지. 그리고 다시 2-3명씩 나누고 그들을 위하여 기도하고 다시 나누고 또 기도하고….
- 2-3명씩 하는 데는 무슨 철학이나 성경적 근거가 있나요?
- 아니야. 숫자에 철학이나 성경적 이유가 있는 것은 아니고 도매금으로 하지 말고 구체적으로 간절한 기도를 하자는 것이어서 사실은 한 사람 나누고 그를 위해 기도하고 열 번이라도 그렇게 하는 게 제일 좋은데, 그렇게 하면 시간이 너무 걸려 또 다른 어려움이 생기거든. 그래서 두세 명 정도씩 끊어서 나누고 기도하여 대체로

한 번 모임에서 사랑의 중보기도를 세 차례 정도 하면 좋겠다 싶어서 그렇게 한 거야.
- 그러면 4-5명의 작은 소그룹에서는 한 명 나누고 그를 위해 기도하고, 한 사람 한 사람 하는 것이 효과적이겠네요?
- 물론이지. 그 그룹의 크기에 따라 적절히 적용하는데 원칙은 한 사람 한 사람씩 간절하게 사랑과 열정을 쏟아 중보기도하는 게 원리이지.
- 선생님, 이 틀에서는 예배보다는 나눔이 훨씬 강조되어 있군요?
- 그렇지. 훈련원에서는 심지어 개강 예배와 파송 예배를 드릴 때도 찬양과 기도로만 예배를 드린다네. 왜냐하면 하루 종일 말씀 공부를 하기 때문이지.
- 그러면 말씀과 감사와 기도제목을 따로따로 나누게 하나요, 아니면 한 사람이 나눌 때 한꺼번에 나누게 하나요?
- 한 사람이 나눌 때 그 사람 몫은 세 가지를 한꺼번에 나누도록 한다고 했지 않아? 지원이 형은 아까 이야기할 때 졸았나, 왜 그래요?
- 아, 그랬나? 미안, 미안.
- 선생님, 훈련 중에 이러한 소그룹 모임의 효과는 어느 정도이던가요?
- 대단하지. 폭발적인 축복이었어. 몸 된 코이노니아를 경험하게 되었지. 성경에 한 지체가 고통을 받으면 함께 고통을 느끼고 한 지체가 영광을 얻으면 함께 기뻐하는 경험이 일어나는 것이었어.
- 간증해 주실 수 있나요?

- 물론이지. 우선 나누고 사랑을 쏟으며 기도하는 동안 대부분 지체들이 내적 치유가 일어나. 자기를 위하여 눈물을 뿌리며 부르짖으며 기도해 주는 사람이 있다는 것을 느낄 때 그 사랑을 느끼며 감동받고 상처받은 심령이 치유되고 짓눌린 영혼이 해방되는 경험을 대부분 누리게 되지.
- 코이노니아 모임의 첫째 유익은 내적 치유가 일어난다는 것이군요?
- 그래. 코이노니아 모임의 둘째 유익은 한 몸 된 공동체 경험이 일어난다는 것이지.
- 한 몸 된 경험이 어떻게 일어나는지 예를 들어 간증해 주실 수 있나요?
- 한번은 여러 달의 훈련이 진행되던 어느 달에 훈련이 다 끝났어. 훈련이 끝나면 훈련생들을 보내고 조교들과 본부 스태프들이 모여 훈련을 간단히 평가하고 감사 기도를 하고 조교들도 집으로 돌아가거든. 그래서 마무리 평가와 감사의 기도회로 모이는데 1조 조교가 나타나지 않는 거야.
- 왜요?
- 모르지. 모두 기다리다가 다른 조교를 보내어 훈련원 구내를 살펴 찾아보라고 했지. 그랬더니 1조 조교만 아니고 1조 전원이 집에 가지 않고 남아서 기도회를 하고 있다는 거야. 아니, 훈련 기간 동안 조별로 기도하는 시간도 여러 번 했는데 무슨 기도회를 끝났는데도 하고 있단 말인가? 그러나 기도하고 있는데 그만하고 오라고

할 수는 없어서 기다렸지.
- 얼마나 오래 기다리셨나요?
- 글쎄, 한 30분은 기다린 것 같아.
- 다른 조교들도 다 기다렸나요?
- 물론이지.
- 왜 무슨 기도회를 했대요?
- 1조 조교가 왔기에 무슨 기도를 남아서 하게 되었는가 물었지. 내용인즉 훈련 기간에 잠시 쉬는 시간에 운동장에서 축구를 한 적이 있는데 축구하다가 1조 조원 한 명이 넘어져 다리를 다치는 바람에 병원에 가서 치료받고 목발 짚고 오게 되었던 것인데….
- 축구를 해요?
- 성진 오빠는 축구라는 말 나오니 귀가 번쩍 뜨이는 모양이야. 바나바훈련 받으러 가요. 축구장이 있다잖아요.
- 성진이가 축구를 좋아하나 보네?
- 그래서 목발 짚고 오게 되었는데, 그 다음 이야기 해 주세요.
- 목발을 짚고 움직여도 훈련 기간 동안에는 큰 문제가 없었다는 거야. 목발을 짚어도 움직이기는 하니 훈련 기간에는 숙소에서 식당, 강의실 정도 이동에는 문제가 없었다는 것이지.
- 그런데 뭐가 문제였나요?
- 훈련이 끝나니까 문제인 거지.
- 왜요?
- 끝나서 집에 가야 하는데 깁스하고 운전할 수가 없는 거야.

- 아하, 어디까지 가야 하는데요?
- 이분 집이 멀기까지 했어. 속초였어. 청주에서 속초까지 가니까 거의 세 시간은 운전해서 가야 할 걸?
- 아, 그 한 분의 문제가 10명의 모든 조원을 집에 가지 못하게 한 것이네요. 한 지체가 고통을 받으면 모든 지체가 고통을 느끼는 한 몸 된 경험을 그 조가 하고 있는 것이군요?
- 바로 그 말이야. 만일 한 몸이 되지 않았다면 그 한 사람이 가거나 말거나 각기 바쁜 걸음으로 다 집으로 달렸을 것인데, 한 지체가 다리가 아파 운전하지 못하고 돌아갈 길이 막막한 것이 적어도 그 조에서는 전체의 문제가 된 것이지. 왜냐하면 한 몸이니까…. 그러니까 다들 돌아가지 못하고 모여서 대책회의를 하게 되었다더군.
- 대책회의 결론은 무엇이었나요?
- 대책회의 중에 한 목사님이 나서서 자기가 섬기겠다고 하면서 그 다친 목사님 차를 운전해서 속초에 모셔다 드리고 대중교통을 이용해서 돌아와 자기 차를 운전하여 집에 가겠다고 자청하고 나섰다는 거야.
- 아, 그것은 사랑의 희생이네요. 한 몸 된 코이노니아가 아니면 그런 사랑이 나오기 어려울 텐데요? 그런데 혼자만 대단한 희생을 하는 것이네요?
- 응, 그것이 또 무거운 짐이 된 거야. 혼자만 엄청 희생한다는 것이…. 대중교통으로 하면 속초에서 청주로 오는 교통이 없어. 속

초에서 강릉으로 버스로 이동하여 강릉에서 청주로 버스로 오고, 청주서 훈련원 동네로 들어오는 버스는 하루에 두 번밖에 없어. 그러니 택시를 타고 비싸게 들어와서 그날 그 목사님은 집에 갈 수 있을지도 모르지…. 그러니 한 분의 희생이 너무 크다는 느낌 때문에 선뜻 그 제안을 받아들이지도 못하고 더 토론한 거야. 더 나은 방법은 없는가 하고.

- 다른 방법이 뭐 있을까요?
- 뭐 있겠나? 모두 뾰족한 대책을 생각해 내지 못하고 있을 때 한 목사님이 그러더래. "제일 좋고 간단한 해결책은 우리 합심해서 기도하고 응답받아 이 목사님이 치료되어서 깁스 풀고 목발 던져 버리고 본인이 운전해 가는 게 가장 좋은 해결책입니다. 기도합시다." 그렇게 말하더라는 것이지.
- 아! 요즘에도 그렇게 순전한 어린아이 같은 믿음을 가진 목사님이 계셔요? 이봐 친구들아! 우리 같으면 그렇게 말할 수 있겠나?
- 그분은 원래 순진한 목사님이었나요, 아니면 바나바훈련원에 와서 어린아이같이 되었나요?
- 아니, 이 사람들이 무슨 말을 하는 거야? 자네들, 하나님께서 깁스한 환자를 당장 치료해 주시는 일이 어렵다고 생각하는 것이야 뭐야? 하나님을 믿을 수 없다는 것이야 뭐야? 믿는 목사님이 순진하다느니 말이야….
- 아니지요. 하나님의 전능하심은 얼마든지 고칠 수 있다고 믿지요. 사고 나서 다리가 부러졌어도 하나님께서 치료하실 수 있다는 것

은 이론적으로야 인정하지요. 다만 그렇게 믿어지지 않는 것이 솔직한 고민이지요. 그래서 그 1조 목사님들은 당장 치료해서 깁스 풀고 운전해 집에 갈 수 있게 해달라고 기도하느라고 30분을 기다리게 한 것인가요?
- 그렇다네. 그렇게 기도했대.
- 결과는요?
- 기도가 끝나자 할렐루야 하더니 깁스 풀고 운전하고 집으로 갔다네.
- 선생님, 이거 실화입니까?
- 이거 왜 이러시나? 자네들, 교리 따로, 믿음 따로, 생활 따로, 언제까지 그렇게 살 것인가? 진정한 영성훈련은 살아 계신 하나님 신뢰하고 믿는 믿음에서 시작해야 하네. 자네들 특히 신학 한다고 하는 지원이도 어린아이같이 믿는 목사님들이 순진하다고 말하며 지성인 노릇이나 할 셈인가? 신학도 교리도 하나님의 살아 계심을 믿는 믿음에서 시작되어야 할 것 아닌가?
- 아, 죄송합니다. 선생님, 이론적으로는 맞는 말씀이고 이 이야기를 부정할 수 없는데요, 또 혼날 소리이지만 먼 다른 세계의 이야기처럼 들리는 것은 아무래도 우리가 본질적인 신앙에서 멀리 떠나온 세계에 사는 것이겠지요?
- 자꾸 혼날 이야기는 그만하고 "우리에게 믿음을 주소서" 하고 기도해야겠어요, 오빠들아. 신앙인의 불신앙을 회개하자고요.
- 다인이 말이 맞아. 우리 다 회개하자.

- 그래, 그 공동체적 사랑의 중보기도로 치료받은 목사님은 그 후로 훈련이 끝나고는 태국 선교사로 헌신하여 치앙마이에서 사역하고 있다네. 이러한 이야기는 하나님과 함께하는 공동체적 코이노니아 경험이야. 자네들이 놀라는 모습을 보니 자네들의 믿음을 위하여 그리고 코이노니아가 이상이 아니라 실재라는 것을 이해하기 위하여 간증 하나 더 나누어야 할 것 같네.
- 네, 선생님, 더 나누어 주세요. 우리가 깨어질 만큼 더 극적인 이야기를 나누어 주세요.
- 어느 해에는 한 선교사가 안식년에 부부로 들어와 훈련을 받고 있었지. 그런데 선교지에서 얼마나 상처를 받았는지 안식년에 들어와서 다시 선교지에 갈 생각은 없고 절망과 우울한 날들을 보내는 중에 부인 선교사가 꼬시고 달래고 하여 훈련에 왔다네. 그런데 와서는 은혜를 받고 가는데 가서 얼마 안 되어 다시 넘어지고 다시 좌절하고 포기하곤 하는 거야. 그러더니 서너 달 훈련 오고는 중도 포기하고 안 오는 거야. 내가 그 선교사 이야기를 듣고 너무 불쌍한 생각이 들어 회복시켜 보려고 심방을 간 적이 있는데, 내가 그의 집에 온 것을 알아차린 그 선교사가 뒷문으로 나가 도망치고 말았어.
- 왜 도망쳐요?
- 좌절하니까 다 싫은 것이겠지. 그래서 나는 그를 포기하고 말았지.
- 포기했다는 게 무슨 말인가요?

- 그가 오든지 말든지 죽든지 살든지 나는 상관하지 않겠다, 그렇게 포기했단 말이지.
- 아이고, 그러면 그렇게 좌절한 인생을 누가 붙들어 주지요?
- 성진이가 붙들어 주겠나?
- 제가요? 무슨 능력으로요?
- 나조차도 포기했는데 그의 조원들은 포기하지 않았더라고. 안 오는데도 함께 그를 위하여 중보기도하고 모두 하나 되어 그에게 전화로, 문자로, 인터넷 메일로 끊임없이 접촉을 시도하고 격려와 위로와 권면의 말을 보내고 있었어. 그 조원들은 그 선교사를 포기하지 않고 우리가 그를 살려내지 않으면 그는 폐인이 될지도 모른다면서 합심하여 사랑을 쏟아부었다는 거야.
- 구체적으로 사랑을 어떻게 쏟아부었나요?
- 우선 중보기도로 하나님께 아뢰고 사랑하는 표현을 전화로, 문자로, 이메일로 보내다가 10월이면 선교훈련을 해외로 나가는데, 그 조원들이 훈련 여행 경비를 사모님과 그 선교사 몫까지 십시일반으로 모아 가지고 두 사람 항공권을 샀지. 그리고는 항공권을 가지고 밤에 그의 집에 쳐들어갔어. 항공권을 그의 손에 쥐어 주고 함께 가야 한다고 권면하자, 그 사랑에 녹아 눈물로 함께 기도하고 선교훈련에 동행하였다네. 그러고 나서 그 선교사가 완전히 회복되고 치유되어서 나머지 훈련을 함께 하고 새 힘을 얻어 선교지로 다시 가게 되었어.
- 와우, 하나 된 코이노니아가 한 사람을 살렸네요.

- 이것이 코이노니아야. 서로 하나 되고 한 몸이 되고 하나님과 하나 되는 코이노니아, 인간의 본질을 회복한 코이노니아인 것이지. 사실 우리 훈련원에서는 이렇게 조별 코이노니아 모임을 통하여 내적 치유가 일어나는 것은 말할 것도 없고 육신의 질병이 치유되는 경우도 많고 온갖 목회의 문제가 해결되는 경험도 수없이 간증되고 있다네. 그래서 우리는 코이노니아 공동체, 한 몸 된 공동체로서의 교회 경험을 이상이 아닌 실재로서 경험하며 누리고 있는 것이네.
- 교회가 코이노니아 공동체라는 것은 많이 이야기하고 있는 것 같은데, 그것은 하나의 이상인 줄로만 알았는데 실재로 현실로 경험하고 누린다니 우리도 경험해야겠습니다.
- 그러게. 그러니 자네들도 코이노니아 모임을 할 때 주님이 함께 하심을 기대하며 특히 서로 기도제목을 나누고는 형식적으로 기도하지 말고 형제의 짐이 내 짐인 것처럼 사랑으로 짊어지고 모든 기도를 응답해 주시는 전능하신 하나님을 믿는 믿음으로 기도하여 응답받는 경험을 공유하게. 그러면 교회에 가서도 이 원리로 이끌면 성도들이 기쁨으로 교회 생활을 누리며 부흥하는 것을 보게 될 것일세.
- 기대가 됩니다. 그러면 미루어 두신 사랑의 중보기도에 대하여 말씀해 주시지요.
- 잠깐만, 배가 고픈데 저녁 안 먹어요?
- 그래, 저녁 먹어야지? 음식점을 찾아 들어가자고.

3
사랑의 중보기도

- 오늘 저녁에 먹은 해물탕은 어땠나?
- 아, 환상적인 맛이었습니다.
- 그렇게 맛을 내는 요소들이 무엇이었을까?
- 그야 말할 것도 없이 해물 맛이지요?
- 얼큰한 게 매운 고추 맛도 있었지요?
- 보이지는 않지만 소금 맛이 기본이겠지요?
- 그래, 여러 가지가 어울리는 맛이지만 언제나 그 기본은 소금 맛이 바탕에 있어야 하듯이 코이노니아가 경험되는 것도 여러 요소가 있지만 중요한 기본이 사랑이야. 자네들, 율법과 선지자들의 가르침 즉 구약의 말씀의 핵심을 한 마디로 요약하면 무엇이라 부르는지 아나?
- "이것이 온 율법과 선지자의 강령이니라." 예수님이 하신 말씀은

'사랑'인데요?
- 어, 단번에 답이 나오네. 성경 어디에 있지?
- 마태복음 22장에 있습니다.

> **마 22:37-40** 예수께서 이르시되 네 마음을 다하고 목숨을 다하고 뜻을 다하여 주 너의 하나님을 사랑하라 하셨으니 이것이 크고 첫째 되는 계명이요 둘째도 그와 같으니 네 이웃을 네 자신같이 사랑하라 하셨으니 이 두 계명이 온 율법과 선지자의 강령이니라

- 그러면 사랑이 최고의 계명이고 가치인 이유가 무엇인지는 어떻게 말하겠는가?
- 글쎄요. 사랑이 최고의 가치이니까 최고의 계명이지요? 사랑에 무슨 이유가 붙나요?
- 그렇게 말하면 할 말 없지. 그게 하나님께서 사람을 창조하실 때 코이노니아로 존재하도록 창조하셨기 때문이고 사랑은 코이노니아의 핵심이기 때문이지. 인간은 '나' 홀로 살아가는 존재가 아니고 '너'와 '하나님'과 더불어 살아가는 존재란 말이야. 너를 사랑하는 것이 우리의 삶의 의미이고 하나님을 사랑하는 것이 우리 삶의 가치란 말이지. 그래서 하나님 사랑과 이웃인 너를 사랑하는 것이 제일가는 계명이요, 가장 큰 가치요, 가장 감격스러운 의미인 것이라네.
- 아하, 그게 그렇게 원리가 되는 것이네요?

- 그런데 예수님께서는 우리에게 새 계명을 준다고 하셨거든. 그 새 계명은 무엇인지 아나?
- 새 계명이요? 그것도 사랑 아니에요?
- 사랑은 이미 구약에서 주신 계명인데, 새 계명이라고 말할 때는 무엇인가 다른 게 있을 것 아닌가?
- 서로 사랑하라 하셨는데 '서로'라는 말에 새 의미를 부여하신 것인가요?
- 한번 새 계명 성구를 찾아 보자고….

> **요 13:34-35** 새 계명을 너희에게 주노니 서로 사랑하라 내가 너희를 사랑한 것같이 너희도 서로 사랑하라 너희가 서로 사랑하면 이로써 모든 사람이 너희가 내 제자인 줄 알리라

- 다른 것은 발견되지 않고 '서로'라는 말이 다른 것 같아요.
- 그렇지, 사랑은 사랑, 이미 구약에서도 말씀하신 사랑인데, 새 계명이라고 부르면서 서로 사랑하라 한 것을 보면 '서로'라는 말의 의미를 '살리는 사랑'이라는 뜻으로 말씀하신 것 같거든.
- 그렇다면 사랑 자체가 달라진다기보다는 적용점을 달리 강조한 것 같은데요? '서로'가 혹시 코이노니아 사랑?
- 그렇다네. 다인이가 아주 예리하게 캐치해 냈네. 원래 코이노니아로 살도록 창조된 인간이 타락 이전에는 자연스럽게 하나님을 사랑하고 너를 사랑하고 완전한 코이노니아 속에 살았지. 그러나 타

락은 코이노니아의 단절과 파괴를 가져오고 말았어. 이제 예수님이 회복하시려는 것은 이 코이노니아 공동체적 인간 본질이니 '서로'라는 적용점을 강조하게 된 것이라고 여겨지지 않는가? 부모의 사랑은 대체로 '내리 사랑'이라고 하지. 부모는 자식을 사랑하되 자식이 부모를 사랑하거나 안 하거나 부모는 일방적으로 내리 사랑을 해. 그러나 코이노니아는 일방적 사랑이 아닌 서로 사랑으로 이루어지는 것이지. 무슨 일방적 시혜, 일방적 자선으로서의 사랑이 아니라 서로 주고받고 누리는 사랑이야. 그래서 '서로 사랑'이 코이노니아의 핵심적인 능력이 되는 거야. 그런 이유로 신약에서는, 특히 코이노니아 공동체로서의 교회를 이해하고 가르치고 있는 바울 서신에서는 '서로'라는 말이 아주 많이 사용되는 말이 되었지.

- '서로 사랑'이 코이노니아 사랑이란 말이지요?
- 그렇지. 그래서 **사랑의 중보기도란 무엇보다도 형제를 사랑하기 때문에 형제의 짐을 자기 홀로 지고 고생하게 할 수 없어서 서로 함께 그 짐을 짊어지고 하나님께 부르짖는 기도**라는 뜻이지.
- 한 지체가 지고 있는 짐을 그의 짐만이 아니고 우리 모두의 짐으로 짊어지는 기도이군요? 어느 누구의 기도제목도 그만의 기도제목이 아니라 우리 모두의 기도제목으로 취하여 함께 응답을 받으려고 부르짖는 기도네요. 그냥 기도로 돕는다는 정도가 아니라 아예 모두의 짐으로 받아들이고 공동으로 해결하려는 기도네요. 그러니 과연 하나 되는 기도로군요.

- 맞아, 성진이가 잘 이해했어. 그래서 사랑의 중보기도는 너와 내가 하나 되고 하나님과 하나 되는 과정이 되기 때문에 코이노니아 모임에서는 가장 중요한 핵심적인 요소가 된다네. 그러니까 사랑의 중보기도는 공동으로 짐을 지고 기도하며 공동으로 응답받는 공동체적 성령 체험이 되는 셈이고 이는 기독교 영성의 진수를 맛보게 하는 요소가 되는 것이라네. 무슨 특별한 이론이 필요한 게 아니야. 그냥 서로의 짐을 짊어지는 사랑으로 함께 부르짖으면 되는 거야.
- 선생님, 훈련원에서 이 코이노니아 모임을 통하여 훈련받는 분들이 감격하는 보고가 많았을 것 같네요?
- 당연하지. 감격스러운 보고가 아주 많지. 그리고 이분들이 가서 각자 목회 현장에서 성도들을 가르치고 코이노니아 모임을 가지면서 서로 사랑하고 서로 짐을 지며 기도하는 과정을 통하여 진정한 코이노니아, 서로 하나 되고 하나님과 하나 되는 코이노니아를 체험적으로 누리게 되었어. 그러자 교회마다 상당한 기쁨이 일어나는 보고를 받게 되었지. 감격스러운 간증들이 너무 많아서 다 기억이 안 날 정도야. 그래도 좀 가까운 지난날의 보고된 간증은 태국에서 일어난 간증이 있는데, 나누어 줄까?
- 네, 간증은 생생한 실재를 보는 것 같아서 상당한 도전이 되고 가능성을 보는 비전이 되거든요. 말씀해 주세요.
- 이 이야기는 좀 길어질 것 같은데?
- 길어도 들려주세요. 우리가 모이는 이유, 우리가 선생님에게 배우

는 이유는 무슨 교리 공부나 신학 공부하려는 것이 아니고 실제적인 영성을 배우고 터득하고 훈련을 하려는 것이니 무슨 시간 제한을 할 필요가 있겠습니까?

- 그래? 그러면 길지만 이야기하기로 하지. 내가 훈련원 원장직을 은퇴하기 직전 해에 추석이 가까워 오던 어느 날 ○○ 나라에서 선교하는 선교사님 한 분이 국내에 들어왔는데 인사차 들렀다며 우리 집에 와서 하룻밤 자며 교제를 갖게 되었지.
- 그분이 태국 선교사였나요?
- 아니야, 밝히면 안 되는 나라에서 사역하는 선교사인데, 사실은 그분이 예전에 그 나라로 옮기기 전 태국 선교사로 여러 해 사역한 분이었어.
- 그분과 어떤 스토리가 전개되는지 궁금하군요.
- 저녁식사를 함께 하고 이야기하다가 내가 정해놓은 저녁 기도 시간이 되어서 그 선교사에게 잠자리를 정해 주고 내가 쓴 책 중에 이 코이노니아 원리로 시작하는 책, 《코미멀》이라는 책을 한 권 선물하고 기도실에 다녀올 테니 책을 보든지 일찍 주무시든지 하고 내일 아침에 만나자고 하고는 나는 기도실로 갔지.
- 그 밤에 그 선교사님이 그 책을 다 읽었겠군요?
- 지원이가 어떻게 알아? 귀신같이 맞추네.
- 귀신이 아니라, 흘러가는 이야기가 그럴 것 같았어요.
- 그래, 기가 막힌 추리로군. 지원이가 짐작한 대로 그날 밤 그 선교사님은 그 책을 다 읽었다는 거야. 그리고 아침식사를 하면서 자

기가 찾던 책이 이런 책이라며 너무 공감하면서 읽었고 자기 삶과 사역에 중요한 안내서가 될 것이라며 감격스러워하더라고. 그리고 나서 그는 돌아갔어.
- 그 다음은요?
- 추석이 지난 다음 날, 그 선교사님으로부터 전화가 왔어요.
- 추석에 무슨 일이 있었던 모양이군요?
- 그 책에 여러분과 오늘 나누고 있는 코이노니아 원리와 모임에 관한 내용이 들어 있는데 그분은 즉시 적용하여 큰 은혜를 누린 것이었어.
- 무슨 은혜요?
- 추석이라 형제들이 다 부모님 집으로 모이게 되었대.
- 모여서요?
- 모인 김에 가족 코이노니아 모임을 가져야겠다는 마음이 들어서 책의 안내대로 시도하였대.
- 그 형제들이 다 그리스도인들이었나 보지요?
- 다는 아니고 불신자도 있긴 했지만 대부분 신자였대. 그래서 그동안 1년 동안 어떻게 살았는지, 감사한 일이 무엇인지, 그리고 기도제목이 있으면 무엇인지 나누자고 하여 차례로 나누게 되었대.
- 1년간의 일을 나누어요? 순조롭게 진행된 모양이네요?
- 응, 그런데 어머니 차례가 되었는데, 1년간 살아온 이야기를 나누고 아주 어렵사리 기도제목을 내어놓는데 그동안 말을 안 하고 숨기고 살았던 이야기를 하시더라는군.

- 무슨 숨기고 산 이야기를 해요?
- 허리디스크 증세가 있어서 고생하고 있다는 거야.
- 옛날 어른들은 아파도 자식들에게 아프다는 소리를 안 한대요.
- 그렇대. 어머니가 아픈 줄도 모르고 떨어져 살던 자식들이 그 기도제목을 놓고 통성 기도하게 되었다는데 기도하다가 모두 울었다더군.
- 울만도 하겠지요? 응답이 되었어야 되는데….
- 그렇게 눈물로 기도하게 되었는데, 기도가 끝나자 어머니께서 "할렐루야"를 외치며 "니네들의 간절한 기도가 응답되었구나. 허리 아픈 증상이 사라졌다" 하시더니 벌떡 일어나 허리를 돌려보며 감격하시더래.
- 즉시 응답된 것이에요?
- 아니, 나는 내 주변에서 이렇게 즉시 응답되는 경험을 본 적이 없는데…. 선생님 이야기는 너무 간단하게 응답받았다는 이야기뿐이에요.
- 그래? 하여튼 그 가정에서는 즉시 응답받았대. 그래서 그 선교사님은 사랑의 중보기도를 통한 코이노니아 체험을 하고서 간절함이 생겼는데, 지금 들어간 나라는 아직 언어가 익숙하지 않고 또 숨어서 일하는 경우라 나중에 기회를 보더라도 자기가 돌보던 태국 목사님들에게 이 코이노니아의 원리와 실제를 가르쳐 주는 것이 소원이 되었으니 자기와 시간을 내서 태국에 한 번 가서 코미멀 세미나를 해달라고 간청하더라고….

- 그렇게 하여 태국에서의 역사가 시작되었군요?
- 그랬어. 역사는 역사로 이어지고 간증은 더 이어진다네. 그래서 내가 다음 해에 방콕에 가서 태국 목회자들 약 20명 정도 그 선교사가 모아놓은 그분들에게 코이노니아 원리로 시작하는 교회성장 세미나를 하게 되었지. 그때 코이노니아 원리를 강의하고 났더니 태국 목사님 중에 한 분이 손을 들고 나와서 고백하며 간증하더군. 코이노니아 원리를 들으면서 자신의 목회가 얼마나 엉터리였나를 깨달으며 회개한다고 말하더군.
- 뭘 회개해요?
- 그분은 교회를 개척한 지가 28년 되었대. 그리고 그분은 태국 전도폭발 본부장을 할 만큼 소양과 능력도 있는 분인데 전도도 많이 해서 제대로 되었다면 수백 명 교회가 되었어야 하는데 아직도 30명 신자밖에 안 되는데 그 이유를 깨달았다는 거야.
- 그 이유가 무엇인데요?
- 하나님과의 수직적인 관계만 강조하고 "왜 제대로 믿지 못하냐? 왜 기도하지 않느냐? 왜 전도하지 않느냐?" 하면서 권위주의적으로 야단만 치고 성도들과 한 형제 된 코이노니아를 몰랐다는 것이지. 그리고 그것이 교회를 성장하지 못하게 한 걸림돌이 되었다는 것을 깨달았다는 거야.
- 그분에게 그 뒤로 변화가 온 모양이네요?
- 그분의 초청으로 그 후 4차례 더 가서 태국 목회자 세미나를 인도하게 되었는데 갈 때마다 그 교회가 부흥하는 보고를 듣게 되었지.

- 어떻게요?
- 자신이 내려가 성도들과 한 형제임을 경험하려고 코이노니아 소그룹을 만들어 성도들을 인도하기 시작했는데 성도가 다 해야 30명이니 세 그룹을 만들어 세 그룹을 모두 자신이 인도했대. 그리고 진정으로 코이노니아를 경험하려고 힘썼고 배운 대로 사랑의 중보기도를 열심히 했다는군.
- 그 세 그룹이 얼마나 성장하게 되었나요?
- 이제 평신도들이 각자 전도하고 소그룹 전도도 하면서 평신도 각자가 모임을 개척하는 방식으로 늘어나 만 3년 만에 16개의 코이노니아 소그룹이 운영된다는군. 갈수록 더 늘어나겠지?
- 3년 만에 3개 그룹이 16개 그룹으로 성장하였다고요? 대단한 성장이군요? 신자수도 상당히 많아졌겠네요?
- 16개 소그룹에 참여하는 인원이 72명이라고 하더라고. 그리고 주일 출석 인원은 약 80명이 되고.
- 그러니까 코이노니아 원리를 적용한 지 3년 만에 일어난 성장이 그 정도라는 것이지요?
- 그렇다니까. 28년 동안 30명이었는데, 3년 동안 30명에서 80명으로 성장했다는 것이고, 더 중요한 것은 성도들이 모두 기쁨이 충만해졌고 생명력이 넘치는 신앙생활을 하게 되었다는 점이지. 그래서 나는 그 교회에 가면 황제 대접을 받아. 자기들 교회를 행복하게 하고 부흥하는 비결을 가르쳐준 목사라며 나를 환대하곤 했지.
- 그렇다면 뭐 구체적인 간증은 없나요? 성도의 삶에서나 특히 코이

노니아 소그룹에서 일어났던 간증은 없나요?
- 왜 없겠나.
- 그 얘기까지 들려주시지요.
- 그러지. 사실 이 구체적인 간증은 코이노니아 체험이 어떻게 일어나고 그것이 성도를 어떻게 행복하게 하고 교회를 어떻게 부흥케 하는지 눈에 보이게 할 것이니까.
- 네, 기대됩니다.
- 처음 3개의 소그룹으로 시작했다고 했지?
- 그랬지요.
- 그 소그룹 모임에서 셋 다 진정한 사랑과 코이노니아가 경험되었다는군. 예를 들면 한 모임에서는 여자 성도만 교회에 나오는데 자기의 남편이 알코올중독자라며 예수 믿고 치유되고 새 사람 되기를 기도해 달라는 기도제목이 나오게 되었다는군.
- 그가 치유되기를 위하여 사랑의 중보기도를 했겠군요.
- 그 그룹에서는 다른 기도제목도 나오는 대로 기도하지만 이 기도제목은 응답될 때까지 기도하기로 작정하고 사랑의 중보기도로 부르짖곤 했다더군. 약 반 년 정도 기도하였을 때 그 아내가 한번 넌지시 떠 보았대.
- 무엇을 어떻게 떠 보아요?
- "여보, 우리 교회 모임에서 모일 때마다 당신의 이름을 올려 부르며 축복 기도하고 있는데…" 하고 말해 보았대.
- 그랬더니요?

- 반 년 동안이나 기도를 해 와서 그랬는지 마음이 상당히 준비된 것 같더래. "그래? 거 참 희한하네. 자기들과 아무 상관도 없는 사람을 위해서 반 년 동안이나 계속해서 축복기도를 한다고? 믿을 수 없어." 그렇게 말하는데 표정이 부정적이지 않고 긍정적이더라는 거야. 그래서 한 마디 더 해 보았대. "여보, 그렇지? 참 보통 일이 아니지? 한 번쯤은 그 모임에 나와 같이 가서 감사하다는 인사를 해야 하는 것이 아니야?" "아, 이 술주정뱅이, 알코올중독자가 어떻게 거룩한 사람들의 모임에 가?" "아니야, 거룩한 사람이 따로 있나? 예수 믿는 사람들은 사람을 가리지 않고 사랑해. 당신이 인사하러 가면 모두 박수 치며 기뻐할 걸?"
- 그래서 그 모임에 그 남편이 갔나요?
- 그랬대. 그러니 그를 위해 기도하던 신자들이 얼마나 기뻐했겠나? 그리고 그가 자기들 모임 가운데 와 있으니 얼마나 뜨거운 가슴으로 함께 그를 위해 사랑의 기도를 했겠나? 모든 지체들이 그를 둘러싸고 그의 어깨에 손을 얹고 어떤 사람은 그의 손을 잡고 통성기도하며 기도를 시작하였는데 사람들이 울며 기도하는 거야. 그 남자의 가슴이 흔들리면서 함께 울더라는 거야. 그러더니 알코올중독증에서 치유되고 해방되고 다음 주일부터 교회에 나오면서 신앙생활을 하게 되고 자기 같은 알코올중독자들을 많이 전도해 온다는군.
- 다른 그룹에서도 간증이 있었나요?
- 있었지. 간단히 열거해야겠군, 한 그룹에서는 간암 환자가 있었는

데, 함께 기도하다가 고침 받고 치유되었고. 또 다른 경우는 귀가 잘 안 들리는 사람이 사랑의 중보기도 속에서 치유되어 잘 듣게 되고 또 다른 경우에는 곱사등이 펴지는 역사가 있었고…. 또 다른 경우는 빚을 지고 허덕이는 신자가 있었는데 기도하다가 성령의 감동에 따라 서로 헌금하여 보태주면서 함께 노력하여 빚에서 해방되는 축복도 누리게 되었다더군.

- 아이고, 이게 어느 동네 이야기입니까? 21세기에도 그런 역사가 일어난다고요? 태국같이 아직 덜 된 선교지에서는 특별한 기적이 많은가 보네요?

- 왜 그래? 지원이가 오늘? 하나님은 세기가 달라져도 변하지 않는 분이고, 나라나 문화가 달라도 살아 계신 분이 아니던가? 한국에서도 이런 간증은 수없이 많고 어느 나라에서도 이런 간증은 나온다네. 내가 앞으로 차츰 더 많은 나라 사람들의 간증을 나눌 기회가 있을 것일세.

- 그러고 보면 사랑의 중보기도가 코이노니아 경험의 열쇠인 것 같네요?

- 그렇다네. 그런데 내가 사랑의 중보기도의 중요성을 깨닫게 된 성경말씀의 경우는 어느 말씀인지 짐작이 가겠는가?

- 그걸 우리가 어떻게 짐작하겠습니까?

- 짐작이 안 되겠지? 내가 바나바훈련원을 막 시작하던 해, 그러니까 1993년에 '한국교회가 왜 쇠퇴하고 어떻게 다시 부흥하게 될 수 있는가?' 그런 고민을 안고 기도하고 있을 때였지.

- 아니, 한 교회의 부흥을 고민하는 것이 아니라 한국교회의 부흥을 고민해요? 선생님은 왜 한국교회를 다 짊어지는 고민을 하게 되었어요?
- 글쎄, 나도 모르지. 하나님께서 내게 왜 그런 마음을 주셨는지 모르지만…. 그래서 목회자 훈련원을 세우게 하신 것 아닐까? 하여튼 그때 그동안 한국교회 부흥은 기도운동이 주요한 역할을 했다는 생각이 들고 한국교회가 기도를 회복해야 한다고 생각하게 되었지. 그래서 기도를 회복해야 한다고 떠들고 다녔는데 전혀 기도의 불이 일어나지 않는 것을 느꼈어. 나는 좌절감을 느끼면서 어느 날 기도실에서 하나님께 투덜대고 있었지.
- 뭐라고 투덜대셨어요?
- "하나님, 아무리 기도를 일으켜야 한다고 떠들어대도 기도의 불이 안 일어나요. 어떻게 하면 기도의 불이 일어나지요?" 하면서 절망감에 싸여 투덜대고 있는데 하나님의 질문의 음성이 들리는 거야.
- 무슨 질문인데요?
- "네가 기도를 아느냐?" 하는 질문이었어.
- 어, 충격 받으셨겠는데요? "네가 기도를 아느냐?", "기도도 모르면서 기도운동을 일으킨다고 떠들지 않았느냐"는 질문이잖아요?
- 바로 그거였지.
- 그래서 어떻게 하였어요?
- 그래서 빨리 인정하고 "주님, 기도를 가르쳐 주세요." 기도했지.
- 그래서 가르쳐 주시던가요?

- 4복음서를 다시 읽으며 예수님이 가르치신 모든 기도를 연구해 보라고 하시더군.
- 그래서 4복음서를 샅샅이 뒤지며 기도 연구를 하셨겠네요?
- 그랬다네. 그때 4복음서를 뒤지며 예수님의 기도를 연구하다가 깨달은 것들을 묶어 책으로 냈는데 쿰란출판사에서 낸 《예수님의 기도학교》라는 책이 있지.
- 기도를 다시 배우는 계기가 되었군요?
- 그랬어. 그러는 중에 나는 그동안 기도가 간구기도 위주였는데, 즉 나의 필요를 채워 달라는 기도가 주였는데 예수님이 가르치는 기도는 개인의 필요를 채워 달라는 간구기도보다 누군가 남을 위하여 기도하는 중보기도가 더 많다는 것을 알게 되었지. 그중에 누가복음 11장의 기도를 묵상하다가 큰 깨달음을 얻고 거기서 사랑의 중보기도로 도전받게 되었어.

받아서 먹이자

- 누가복음 11장의 기도가 어떤 기도인데요?
- 우선 한번 읽어 볼까?

> **눅 11:1-13** 예수께서 한 곳에서 기도하시고 마치시매 제자 중 하나가 여짜오되 주여 요한이 자기 제자들에게 기도를 가르친 것과 같이 우리에게도 가르쳐 주옵소서 예수께서 이르시되 너희는 기도할 때에 이렇게 하라 아버

지여 이름이 거룩히 여김을 받으시오며 나라가 임하시오며 우리에게 날마다 일용할 양식을 주시옵고 우리가 우리에게 죄 지은 모든 사람을 용서하오니 우리 죄도 사하여 주시옵고 우리를 시험에 들게 하지 마시옵소서 하라 또 이르시되 너희 중에 누가 벗이 있는데 밤중에 그에게 가서 말하기를 벗이여 떡 세 덩이를 내게 꾸어 달라 내 벗이 여행 중에 내게 왔으나 내가 먹일 것이 없노라 하면 그가 안에서 대답하여 이르되 나를 괴롭게 하지 말라 문이 이미 닫혔고 아이들이 나와 함께 침실에 누웠으니 일어나 네게 줄 수가 없노라 하겠느냐 내가 너희에게 말하노니 비록 벗 됨으로 인하여서는 일어나서 주지 아니할지라도 그 간청함을 인하여 일어나 그 요구대로 주리라 내가 또 너희에게 이르노니 구하라 그러면 너희에게 주실 것이요 찾으라 그러면 찾아낼 것이요 문을 두드리라 그러면 너희에게 열릴 것이니 구하는 이마다 받을 것이요 찾는 이는 찾아낼 것이요 두드리는 이에게는 열릴 것이니라 너희 중에 아버지 된 자로서 누가 아들이 생선을 달라 하는데 생선 대신에 뱀을 주며 알을 달라 하는데 전갈을 주겠느냐 너희가 악할지라도 좋은 것을 자식에게 줄 줄 알거든 하물며 너희 하늘 아버지께서 구하는 자에게 성령을 주시지 않겠느냐 하시니라

- 여기 한번 보게. 2-4절까지는 기도의 내용을 가르치는데, 이는 주기도문 내용과 거의 같은 내용이야.
- 그렇네요. 그러니까 기도의 내용으로는 주기도문 내용의 기도가 가장 좋은 내용이라는 말이겠지요?
- 그러겠지. 이 부분은 내가 손대지 않겠네. 지난번에 주기도문 트랙

으로 기도훈련을 한다고 할 때 소개한 책이 있지?
- 네, 저는 읽어 보았습니다. 《기도 그 이상의 기도》를 바나바훈련원에 가서 구입하여 읽었습니다.
- 저는 《예수님의 기도학교》라는 책을 교보문고에서 사서 읽었습니다.
- 그렇다면 생략하기로 하고 오늘 주목할 부분은 5-8절 말씀인데, 이 부분은 작은 비유로 가르치고 있어. 처음에는 벗에게 강청하듯 하여튼 '강청하면 받는다' 정도로 생각했는데 자세히 살펴 묵상해 보니 엄청난 진리가 들어 있어.
- 엄청난 진리라고요? 상상이 안 되는데요? 무슨 엄청난 진리가 있나요?
- 비유를 먼저 정리해 볼까? 어느 한 사람에게 여행 중에 있던 친구가 찾아왔어. 그 친구는 여행 중 힘들고 굶어 배가 고팠지. 그래서 주인은 저녁을 먹이고 하룻밤 재워 주고 아마 아침까지 먹여 주어 그가 여행길을 다시 떠나도록 도와주어야 하겠지? 그런데 벗을 맞이한 주인은 너무 가난하여 그 나그네를 먹일 아무것도 없었어. 이런 경우가 여러분의 경우라면 여러분은 어떻게 하겠나?
- 뭐, 없는데 어떻게 해요? 물이나 떠다 마시고 잠을 청해 보라고 할 수밖에요?
- 다들 그렇게 생각하나?
- 그런데 이 비유에 나오는 주인은 먹을 것을 구하러 나가지요?
- 그렇지? 아무것도 없어서 먹일 능력이 없는데, 없어서 못 준다고

끝내지 않고 먹을 것을 구하러 가는 것은 무슨 힘이겠나?
- 사랑의 힘? '어떻게라도 내가 먹여야겠다' 하는 주인으로서의 책임감? 그런 것 아닐까요?
- 다인이가 두 가지 힘의 원천을 잡아냈어. '없지만 배고픈 친구를 불쌍히 여기는 사랑 때문에 나갔을 것이다' 하는 것과 '우리 집에 온 이상 주인으로서 내가 책임지고 먹여야겠다'는 주인으로서의 책임감, 나는 둘 다 작용했다고 생각해.
- 잠깐만요. 여기 뭔가 진짜 심각한 진리가 들어 있는 것 같은데…. 선생님, 우리가 나그네의 입장에서 이 말씀을 읽어야 하나요? 주인의 입장에서 읽어야 하나요?
- 우와, 지원이가 지금 대단한 포인트에 접근하고 있는 것 같은데, 여러분, 생각해 봐! 지금 예수님은 제자들이 주인의 입장에서 깨달으라고 하시는 것 같나, 나그네 입장에서 생각하라고 하시는 것 같나?
- 제자들이 이 땅에서 나그네 인생을 사는 사람들 가운데 주인공으로, 주인으로 살아가기를 기대하며 가르치는 것 같습니다.
- 그렇다면 제자들이 가난한 주인에 비유된다고?
- 가난한 주인은 싫지? 그러나 가난하든 부자이든 우리는 주인의 사명이 있다는 거야. 제자들은, 그리스도인들은 이 땅에서 주인으로서의 사명을 지니고 있다는 이야기라네. 그러면 여행 중에 찾아들어온 나그네, 굶주린 나그네는 누구를 비유하는 것일까?
- 여행 중에 있는 굶주린 나그네라? 선생님, 성경은 모든 인생이 나

그네라고 하지 않나요?
- 맞지.
- 그렇다면 나그네 인생길에 지치고 굶주린 나그네, 노숙자, 장애인, 병든 자, 굶주린 자, 누군가의 도움을 필요로 하는 그런 사람들을 비유하는 것인가요?
- 와우, 성진이의 상상력에 의한 이해력이 좋아. 내가 깨달은 게 그런 관점이었어. 이 나그네 인생길에 지치고 병들고 굶주리고 그것도 육신적으로만 아니고 영적으로 굶주린 나그네를 맞이하고 도와주어야 하는 사명이 그리스도인들에게 있다, 그런 깨달음이지.
- 그런데 왜 가난뱅이 주인이어야 하지요? 먹을 것이라고는 없어서 먹일 능력이 없는, 그런 주인?
- 이렇게 먹일 능력이라고는 하나도 없는 경우라도 사랑만 있으면 먹일 수 있다는 것을 가르치는 것이지. **그리스도인들에게 선행과 구제와 선교와 사명의 삶은 능력이 먼저가 아니라 사랑이 먼저요, 사명이 먼저라는 거야.**
- 능력이 없는데 어떻게 사랑만 있다고 무얼 할 수 있나요?
- 자, 자세히 살펴보자고. 이 가진 것 없는 주인이 먹일 능력은 없으나 먹이고자 하는 사랑이 있었어. 먹일 능력이 없으나 먹여야 한다는 사명이 있었어. 그러자 먹을 것을 구하러 나가 이웃 부잣집에 찾아갔어. 이 먹일 떡을 꾸어줄, 아니면 내어줄 부자는 누구를 비유한 것이고 문을 두드리는 것은 무엇을 비유한 것일까?
- 부잣집 아저씨는 하나님, 문을 두드리는 것은 기도를 비유한 것인

가요?
- 원더풀, 성진이가 정답을 맞히네.
- 성진이가 그 이름이 거룩한 '**성**령 받은 **진리**'이니까 정답을 맞히지요? 선생님.
- 지원이도 아재 개그 하냐? 자, 그러면 이 기도가 무슨 기도를 가르치는 것일까?
- 우선 주인의식을 가지고 나그네 길에 지치고 병들고 굶주리고 좌절한 사람들을 돕고 먹이라는 말씀인가요? 그런 사람들을 도울 능력이 없을 때는 하나님에게 기도하여 받아다가 먹이라는 말씀인가요?
- 역시 원더풀, 다인이도 빨라요.
- 나는 비록 가진 것 없지만 가진 것 많은 하나님께 기도하여 많이 받아서 육신적으로 영적으로 굶주린 수많은 나그네를 먹이며 사는 인생이 되도록 기도해야겠는데요?
- 그렇지. 내가 한번은 어느 교회에 가서 이 본문을 가지고 설교하고 "여러분은 각자 각 가정이 더 많은 나그네를 물질적으로 먹이든 영적으로 먹이든 먹이고 살리는 인생을 살도록 기도하며 사세요. 그리고 여러분의 교회가 지역 사회의 굶주린 인생들을 책임지는 기도를 하고 천하 만민 가운데 굶주린 영혼들을 위하여 기도하여 먹이도록 하세요"라고 권면했지.
- 그랬더니요?
- 그 이후 1년여 지나서 그 교회에 가서 예배드리는 기회가 있었는

데, 그날 기도 인도하는 장로님이 이런 기도를 하더라고. "주여, 우리 교회에 떡 세 덩이를 내려주옵소서. 한 덩이는 우리 시내에 사는 시민 중에 장애인, 소년소녀 가장, 무의탁 노인들, 실직자들을 다 먹일 수 있는 큰 떡 덩이를 내려 주시고, 두 번째 떡 덩이는 굶주리고 있는 북한 형제들을 먹일 수 있는 더 큰 떡 덩이를 내려 주시고, 세 번째 떡 덩이는 세계 선교를 해서 천하 만민을 영적으로 먹일 수 있는 더 큰 떡 덩이를 내려 주옵소서." 그렇게 기도하더라고.

- 우와, 떡 덩이는 세 덩이인데, 매우 큰 덩이를 구하는군요.
- 교회마다 이런 기도를 드리며 주시는 대로 먹이는 일을 실천해 나가면 세상이 변하지 않겠는가?
- 현재 얼마나 가지고 있느냐가 중요한 게 아니라 얼마나 인생을 사랑하느냐, 또 얼마나 먹이고자 하는 사명감을 느끼느냐가 더 중요하군요?
- 안 그러겠나? 한번은 강원도 강림교회라는 조그만 시골교회에 가서 이 누가복음을 본문으로 이 같은 설교를 하고 "여러분, 각자 한평생 동안 몇 명 정도 먹여 살리는 일을 하고 천국 가고 싶은지 오늘 생각해 보고, 작정하고 목표를 세우며 기도를 시작하세요."라고 도전했지.
- 그래서 큰 도전이 있었나요?
- 자네들이 믿거나 말거나, 그 교회 담임 목사 딸이 고등학생이었는데 나중에 자기는 1억 명을 받았다고 하더라고….

- 무슨 말씀이세요?
- 평생 1억 명을 먹여 살리는 일을 하고 천국 가기로 비전을 받았고 목표를 세우고 기도하기 시작했다는 거야.
- 1억 명이나요? 그 여학생이? 그게 이루어질까요?
- 그가 포기하지 않고 평생 기도하면서 하나님을 따른다면 이루어질 것이라고 나는 믿네. 한번은 오스트리아 비엔나에 있는 한인교회에서 부흥회 인도하는 중에 이 설교를 하고 도전했지. 그러고 나서 둘씩 짝을 지어 서로 받은 비전을 이야기하고 서로 축복하며 기도하라고 했지. 다음 날 담임목사가 그러더군. 자기는 청년 한 사람과 짝이 되어 나누고 기도하게 되었는데 자기가 먼저 나누면서 "나는 평생 1억 명을 먹이고 가고 싶다"는 비전이 생겼고 그걸 이루게 기도해 달라고 상대 청년에게 말했대요. 그랬더니 그 청년은 "목사님, 죄송한데요. 제가 목사님보다 더 크게 받았습니다. 10억 명 먹이고 가고 싶다고 기도하기로 하였습니다." 그러더래.
- 선생님, 억 단위가 아니면 상대도 안 하시는 모양인데, 비현실적이에요. 어떻게 한 사람이 10억을 먹여 살려요?
- 왜 이러나? 하나님을 제한하지 말게. 그들이 그렇게 비전을 받고 믿음으로 기도한다면 기도하고 나아가는 것이지, 왜 안 된다고 제한하나? 네 믿음이 작아서 크게 구하지 못한다면 그것을 탓할 일이지. 큰 비전을 받고 크게 기도하는 것을 비웃지 말게. 하나님은 우주를 가지고 계신 분이 아닌가?
- 성진이, 입 다물어. 아니, 빨리 작은 믿음을 사과해. 사실 우리는

하나님을 믿지 않고 살아온 것일 거야. 우리에게 믿음의 능력이 다 빠져 나갔어. 우리가 할 일은 믿음의 날개를 펴는 일이야.
- 우와, 다인이가 리더 같은 말을 했네. 다 믿음으로 분발함세. 성진이는 앞으로 어떤 일을 꿈꾸고 있다고 했지?
- 조리학과를 다니고 있고 요리를 즐거워하기에 음식점을 개업할 것이고 퓨전 음식 체인점을 전국에 여는 사업가가 될 것입니다.
- 그러면 성진이 오빠는 쉽게 참 많은 사람을 먹여 살리겠네? 음식점 영업이잖아?
- 그렇지만 공짜로 먹이는 것은 아니지 않니?
- 전국적인 체인점은 왜 내야 하는데?
- 큰 사업을 해 봐야지.
- 이렇게 생각해 보면 어떨까?
- 어떻게요?
- 우선 음식점을 하면서 단순히 돈을 많이 번다는 생각보다 내가 또는 우리 음식점에서 맛있고 건강한 음식을 만들어 많은 사람을 행복하게 하겠다고 생각하면서 하게 되면 많은 사람을 잘 먹이는 것이 아닐까?
- 게다가 많은 직원들을 고용할 것 아니야? 그 직원들을 잘살게 해주는 거야. 체인점을 포함해서 10,000명을 고용하게 되고 그들을 잘 대우하게 된다면 10,000명을 잘 먹이고 잘살게 해주는 것이 될 거 아닌가요?
- 게다가 돈을 많이 벌어서 구제하고 선교한다면 얼마나 많은 사람

먹여 살리는 결과가 될 것인가?

- 지원이와 다인이가 얘기한 것이 맞지. 우선 고객들이 건강하고 행복한 식사를 하도록 하는 사명, 그 다음에는 많이 고용하고 그 직원들의 복지를 책임지는 사명, 그리고도 남겨서 남을 돕고 선교하고 구제하는 봉사를 하게 되면 성진이도 육신적으로 영적으로 적어도 1억 명은 먹여 살리는 꿈을 꿀 수 있지 않겠나?
- 성진이 오빠, 수지맞았다.
- 왜 다인이는 안 수지맞았나? 다인이는 뭐하면서 살 건데?
- 나야, 국제정치외교학과를 졸업하면 외교관이나 국제정치와 관련된 어떤 일을 하게 되겠지?
- 그러면 더 많은 사람을 살리는 일에 영향을 줄 수 있지 않을까?
- 난 뭐야? 그러면 목사는 돈 버는 사람이 아니잖아?
- 지원이는 많이 전도하고 목회를 잘해서 선교하는 교회를 만들어. 그래서 수많은 선교사를 파송하고 수많은 세계의 영혼들을 먹이는 목회해야지?
- 그런데 선생님은 젊은이들을 선동하는 은사가 있는 것 같아요. 좋은 의미에서 우리들 가슴을 뛰게 만드시는 것 같아요. 선생님은 이 진리를 깨달으면서 몇 명을 놓고 기도하셨나요?
- 아이고, 이 사람아, 날 살려주게. 이 타이밍에 꼭 그 질문을 해야 하나?
- 궁금해서요.
- 나는 이 진리를 깨달은 게 40대 후반이었어. 그래서 젊은 사람들

처럼 거대한 비전으로 받지 못했어. 이미 나의 삶의 한계를 느끼는 나이와 또 건강의 연약함을 느끼는 때라서 물질적으로는 뭐 많이 먹일 게 안 되는 것 같고 영적으로 먹이는 것으로 생각하고 만 명을 놓고 기도하게 되었지.
- 1만 명이라고요? 그 정도 말씀하시니 저희도 좀 도전해 볼 용기가 나네요? 그래서 1만 명 먹이는 것은 달성하셨나요?
- 글쎄, 세어 볼 수가 없어. 한 영혼이라도 더 먹여 살려 보려고 전도도 하고 전도 운동도 하고 선교하는 일에 헌신하여 많은 선교사와 목사를 훈련하여 저들이 더 많은 영혼을 먹이는 데 쓰임 받도록 하는 사역에 열심이었지. 자비량하고, 선교지에 100여 차례 가서 섬기기도 하고….
- 사실 숫자를 어떻게 다 세겠어요? 그만큼 충성하고 헌신하고 쓰임 받았으면 만 명은 먹였을 것 같습니다.
- 그렇게 위로해 주니 고맙네.

사랑이 능력이다

- 그런데 선생님, 이 누가복음 기도 이야기에서 사랑의 중보기도를 깨달았다고 하셨는데, 지금까지 오히려 비전, 사명 이런 이야기가 더 강조되게 말씀하신 것 같은데요?
- 그랬나? 여기 아무리 비전이니 사명이니 말했어도 핵심은 사랑이라는 점이지. 굶주린 나그네를 불쌍히 여기는 사랑이 이 기도를

가르치는 비유에서 핵심요소라는 점이야.
- 그래서요?
- 그래서 중보기도의 제1원리를 깨달았다는 거야.
- 제1원리가 무엇인데요?
- **'사랑'**이라고. 사랑이 빠지면 어떤 누구를 위한 중보기도도 가짜이고 사랑으로 하는 기도가 진정한 중보기도라는 것이지. 그렇다면 여기서 몇 명이나 먹여 살리느냐 하는 차원만이 아니라 사랑 때문에 기도하는 것은 다 위대한 기도라는 점이고, **우리가 코이노니아를 이루고 누리려 할 때도 사랑으로 서로의 짐을 지는 기도, 그것이 중보기도의 출발점**이라는 것을 깨달은 거야. 그래서 코이노니아 모임을 가질 때마다 우리의 삶을 나누고 우리끼리 이야기하고 끝나면 수평적 코이노니아 차원에 머무는 것이니까 반드시 서로의 기도제목을 짊어지고 사랑을 쏟아 붓는 사랑의 중보기도를 열심히 하도록 지도하게 되었지. 그랬더니 이 코이노니아 소그룹 모임을 통하여 기도의 불이 붙고 응답받는 체험을 통하여 기쁨이 충만해지고 문제가 해결되고 내적 치유는 물론 어떤 질병도 치유받는 경험을 누리게 된 거야.
- 선생님, 제가 경험해 보니까 처음 얼마 동안은 우리끼리 나누는 것만도 행복해요. 내 이야기를 들어 주고 공감해 주는 사람들이 있다는 것만으로도 행복하더라고요. 그런데 그 수준에서 오래는 못 가요. 얼마 안 가서 더 이상 흥미는 없어지고 우선순위를 둘 만큼 그 모임이 중요하게 느껴지지 않더라고요.

- 그렇지? 수평적 코이노니아만으로는 완성되지 않아. 우리의 코이노니아는 깊은 것이거든.
- 그래서 사랑의 중보기도를 배우고 열심히 기도하다 보니 성령님께서 우리와 함께하시고 우리 기도를 응답하심을 경험하면서 훨씬 에너지가 분출하는 경험을 하게 되고 늘 새롭게 하시는 주님의 은혜를 누리게 되더군요.
- 바로 그거야. 그래서 **우리의 공통된 경험은 사랑의 중보기도가 코이노니아 경험의 핵심적인 요소**라는 것이었어.
- 감사합니다. 선생님, 그런데 우리가 코이노니아 모임을 갖다 보면 부작용이 생겨서 시험에 드는 경우가 있는 것 같더라고요.
- 무슨 부작용?
- 모임에서 솔직한 자신의 약점이나 죄를 고백하였는데, 그것이 밖에서 이야기되면서 시험 당하는 경우도 있더라고요. 어디까지 진실을 나눌 수 있을지 염려될 때가 있거든요.

4
코이노니아 ABC

- 그래, 현실적으로 있을 수 있는 고민이지. 그래서 코이노니아 공동체를 만들어 갈 때 몇 가지 마음에 품고 갈 원리와 규칙이 있어.
- 그런 게 있으면 말씀해 주시지요.
- 그래, 바울 서신에 보면 '서로'라는 말을 많이 쓰면서 서로 해야 할 일과 서로 해서는 안 되는 일들을 많이 언급하고 있는데, 그중에 가장 중요한 원리와 규칙을 세 가지로 정리한 것을 나는 '코이노니아 ABC'라고 이름 붙였는데 차례로 나누기로 하지.
- 그러면 A에 해당하는 원리나 규칙은 무엇이지요?

Accept one another / 서로 받으라

- 첫째 원리와 규칙은 "서로 받으라"(Accept one another)는 원리이지.

> **롬 15:7** 그러므로 그리스도께서 우리를 받아 하나님께 영광을 돌리심과 같이 너희도 서로 받으라

그리스도인 공동체는 이 서로 받는 원리로 시작한다는 점이야. 왜냐하면 그리스도 주님께서 우리 각자를 있는 그대로 받아 주심으로 구원하셨다는 근거에서 출발하는 것이지.

- 우리가 죄인이지만 죄인 된 모습 그대로 받아서 용서하시고 구원하신 원리를 따라 우리도 서로 있는 그대로 받아주는 데서 공동체가 세워지는 출발점이 된다는 말씀이네요?
- 그렇지. 만일 우리에게 "너희들, 죄를 스스로 다 씻고 와" 한다든지 "죄 문제는 다 스스로 해결하고 와." 그랬다면 한 사람도 하나님께 나올 자격이나 능력이 있는 사람은 없다는 거야. "죄인이지만 오라. 내가 씻어 주마." 그렇게 죄인조차도, 죄인인 그대로 받아주시는 은혜로 우리가 구원받고 하나님의 자녀가 되고 주님과의 코이노니아의 세계로 들어오게 되었지. 이와 같이 우리도 있는 모습 그대로 받아주는 데서 출발하는 것이지.
- 이 원리는 실제로 우리의 코이노니아 모임에서 어떻게 적용되는 것이지요?
- **첫째, 지체가 무슨 이야기를 해도 귀 기울여 듣는다**는 것이지. 이해하려는 태도와 공감하는 자세로 기본적으로 **들어 주는 분위기**를 가진다는 것이지.
- 그런데 이야기하다 보면 별로 유익하지 않은 이야기, 내용도 분명

치 않은 이야기로 혼자 한 시간을 다 차지하려는 사람도 있어요. 그래도 그냥 다 들어 주어요?
- 물론 그런 경우는 적절히 다른 사람도 말할 수 있도록 배려하기 위하여 간단히 줄일 수 있도록 유도하고 조절해 줄 필요는 있지만 기본적으로 말하는 사람을 존중하고 받아주는 분위기가 중요하지.
- 또 어려운 경우가 있어요. 막 남을 비판하는 이야기, 짜증내고 불평하는 이야기를 늘어놓는 경우도 곤란하던데요?
- 아, 부정적인 이야기를 늘어놓는 경우, 코이노니아 분위기를 망치는 경우가 있지? 그럴 때는 코이노니아 공동체 안에서 부정적인 이야기는 하지 않기로 미리 약속을 하는 것이 중요하고 그것을 상기시켜서 절제하게 도와주어야 하지. **자기의 죄를 고백하거나 자기의 허물을 고백하는 경우가 아닌 다른 사람의 허물을 들추는 이야기는 하지 않기로** 해야 해.
- 그러면 또 다른 적용점은 무엇인가요?
- **둘째, 남을 비판하는 내용이 아니고 자기 고백이라면 어떤 죄의 고백, 어떤 허물, 어떤 실패, 어떤 실수도 정죄하는 분위기가 아니라 받아주고 함께 지고 가는 분위기여야 한다는 점**이지.
- 받아주는 분위기가 아니라면 죄의 고백 같은 것은 나오지도 않겠지요?
- 그래, 모임에서 코이노니아 공동체에서는 무슨 죄든 고백하라고 강요해서는 안 되고 무슨 죄를 고백해도 다 받아준다는 신뢰가

있어서 고백하게 되어야 하지. 사실 공동체 안에서 죄를 고백한다는 것은 대단한 의미를 가지게 되지.
- 그게 왜 큰 의미를 갖게 되나요?
- 우선 신뢰 공동체가 되었다는 것이고, 고백자로서는 죄를 고백함으로 실은 죄의 짐에서 벗어나게 되고 죄의 억압에서 해방된다는 점이야.
- 죄는 하나님께 고백하는 것으로 족하지 않나요? 공동체 안에서 고백해야 하나요?
- 반드시 그렇지는 않아. 죄는 하나님께 고백하면 그것으로 사죄 받고 죄의 짐에서 벗어날 수 있어. 그런데 공동체 안에서 고백할 때 더욱 그 죄 문제와 솔직하고 용감하게 대면하는 효과 때문에 고백하고 나면 사죄의 은혜에 대한 확신도 커지고 죄책감에서나 실제 죄의 세력에서 벗어나는 확신을 얻게 되는 효과가 있지.
- 그러니까 하나님께 고백하는 것보다 형제들 앞에 고백하는 일이 더 힘들고 그 정도로 죄의 문제에 대면하여 고백할 수 있다는 것은 더 깊은 회개와 결단이 된다는 것이군요?
- 그렇다네. 그래서 죄를 서로 고하라는 권면도 있지.

> **약 5:16** 그러므로 너희 죄를 서로 고백하며 병이 낫기를 위하여 서로 기도하라 의인의 간구는 역사하는 힘이 큼이니라

- 그러면 중요한 것은 다른 사람의 죄나 허물의 고백은 공동체 안에

서 받아들여지고 이것이 밖으로 이야깃거리가 되지 않게 하는 것
도 중요하지 않을까요?
- 절대적이지. 그래서 **셋째는, 공동체 안에서 고백된 내용을 밖에 발설하지 않는다**는 규칙이지. 형제의 죄의 고백을 받아준다는 것은 그것을 정죄하지 않는다는 것과 그것을 밖으로 발설하지 않는다는 것을 포함하는 일이지. 공동체 안에서 고백된 내용을 밖으로 발설하게 되면 그로 인하여 그 공동체는 다시 깨어지고 코이노니아가 무너지는 거야.
- 안에서 고백된 내용을 밖에 발설하지 않는다는 점은 참 주의해야 할 일이군요?
- 그렇다네. 이 점에 대하여 노아의 술 취한 실수와 그것을 발설한 함과 그것을 덮어준 셈과 야벳의 이야기는 아주 대비되는 교훈이 되지.
- 창세기에 나오는 노아 이야기 말인가요?
- 그렇지. 창세기 9장 20-29절을 보면 홍수 사건 이후 노아가 농사를 지었는데 포도 농사를 지었던 모양이야. 그런데 포도주로 말미암아 몹시 취하여 벌거벗고 누워 있게 되었다는 이야기가 있지 않나?
- 아니, 얼마나 포도주를 마셨으면 벌거벗고 누워 있을 정도로 취해요? 노아는 상습적인 술꾼이었나요?
- 지원이 형, 그럴 리가…. 포도를 거두어 저장했는데 발효가 되었을 것이고 이게 무엇인가 하고 마셔 보았는데 취하게 되었겠지? 그 경

건한 분이 술을 즐겨 취했다고는 상상이 안 되는데….
- 자세한 기록이 없으니 정확히는 알 수 없으나 성진이 말대로 우발적인 실수였을 가능성이 크지. 중요한 것은 이것을 보는 노아의 세 아들의 태도지.
- 함은 그 실수한 아버지의 현장을 제일 먼저 보고는 나아가 형제들에게 고했다는 것인데요? 그게 왜 큰 문제인가요?
- 실수 현장을 목격했으면 자기 혼자 보고 덮도록 이불이나 천으로 덮어두어 술이 깨어나면 아버지가 옷을 챙겨 입으면 이는 가십거리가 되지 않아도 되는데, 덮지 않고 나가서 떠벌렸다는 점이 문제가 된 것이 아닌가요?
- 다인이 말처럼 안에서 덮으면 될 것을 밖으로 발설했다는 점이 문제가 되는 것이겠지. 여기에 대조적으로 셈과 야벳은 그 말을 듣고 아버지에게 가되 그 실수 현장의 부끄러운 모습을 오히려 보지 않으려고 뒷걸음쳐 가서 천으로 아버지의 실수 현장을 덮어놓고 나오거든. 바로 이 점이 중요해. 받아주는 사랑은 덮어주는 사랑으로 완성된다는 거야. 그 결과 "셈의 하나님을 찬양하리로다." 즉 하나님을 '셈의 하나님'으로 부르게 되지 않나? 덮어주는 사랑의 하나님인데 셈이 덮어주는 사랑을 실천하였으므로 하나님을 셈의 하나님이라 부르게 되는 것이지.
- 덮어주는 사랑의 하나님이므로 우리가 타인의 죄를 덮어주는 사랑을 실천하면 하나님이 우리 하나님이라는 것을 하나님도 영광스럽게 여기신다는 뜻이 되겠네요. '덮어주는 사랑의 하나님'이라 일

컬음 받기를 영광으로 여기는 하나님이라는 뜻일 테니까요?
- 좋아. 지원이 말대로 이제 **받아준다는 것은 덮어준다는 것을 포함하는 것이지.**
- 받아주는 원리는 매우 중요하고 깊은 사랑의 행위이군요?
- 그렇다네. 간증을 하나 나누지. 우리 훈련원에서는 해마다 8월 광복절 휴일을 전후해서 2박 3일의 전인 치유 수양회라는 모임의 사역을 했는데, 지금도 이어가는 것 같고···.
- 전인 치유 수양회에서 있게 된 간증인가요?
- 그래. 전인 치유 수양회 하면 해마다 최고 500명까지 모인 적이 있지만 보통 300명 정도 모이거든. 우리는 비록 짧은 2박 3일의 수양회지만 전체를 한 그룹에 10명 정도로 소그룹으로 나눠. 300명이 모이면 30개의 소그룹이 되는 셈이지.
- 그 모임에서도 코이노니아 모임을 하게 하는 모양이지요?
- 훈련받은 목사님들의 자원 봉사 헌신을 받아 조별 리더로 세우고, 조별로 코이노니아 모임을 몇 차례 갖게 하는데, 이 코이노니아 모임이 정말 중요해.
- 바나바훈련원에서는 모든 훈련과 사역에 코이노니아 소그룹을 운영하신 것 같네요?
- 그럼, 이 코이노니아 소그룹 운영이 바나바훈련의 최대 장점이지. 다시 그 수양회로 돌아가서 함께 말씀으로 은혜 받고 기도와 찬양으로 은혜 받는 분위기 속에서 코이노니아 소그룹 모임을 몇 차례 갖다 보면 서로 신뢰가 생겨서 3일째 되면 서로 깊은 속까지 고백

하고 나누게 되지. 한번은 한 그룹에서 한 남자 집사님이 자기 죄를 고백하며 죄에서, 죄책감에서 완전히 해방되고 싶다고 고백하였는데 자기 아내 아닌 다른 여인과 모텔에 갔던 죄를 고백한 거야. 물론 하나님 앞에 고백은 했는데도 죄책감이 여러 해 동안 마음을 괴롭힌다는 것이었어.

- 아, 그런 죄도 고백해요?
- 서로 신뢰감이 생겼던 것이지. 코이노니아의 원리를 다 알던 리더 조교 목사님이 이 이야기를 듣고 감탄하면서 "집사님, 참 대단한 용기요 솔직한 고백에 경의를 표합니다. 이렇게 속에 있는 죄를 고백한다는 것은 우리를 신뢰한다는 뜻이지요. 여러분, 사실 이 집사님이 고백한 것 같은 죄는 우리 모두 자유로울 수 없지요. 얼마나 많은 유혹에서 우리도 얼마나 자주 넘어지는 연약한 마음입니까? 오늘 이 집사님의 죄가 곧 우리 모두의 죄 아니겠습니까? 공동으로 회개합시다. 우리 모두 이러한 죄로부터 자유한 거룩한 삶을 위하여 부르짖으며 통성으로 기도합시다." 그렇게 공동 회개하는 시간으로 이끌었어요.
- 그러니까 그 집사님의 고백이 나온 후 바로 기도한 것 같네요?
- 그렇지, 다 돌아가며 이야기 끝나고 한 것이 아니고 바로 집사님의 고백에 근거하여 공동 회개 기도를 한 것이지.
- 아, 그렇게 해야겠군요.
- 그리고 이어서 나누는데 그날 그 그룹에서 다른 두 남자 집사가 같은 성 범죄를 고백하더라는 거야.

- 10명 중 3명이요? 그런데 그 조는 남자들만 한 조였나요? 여자들도 함께 있는데도 그런 고백을 하게 되었나요?
- 아, 전인 치유 수양회는 깊은 것까지 즉 영적인 질병도 고쳐야 하기 때문에 그러한 죄의 고백이 있을지도 모른다는 생각에서 남녀가 따로 조 편성을 하게 했었지.
- 그랬군요?
- 그래서 교회에서 소그룹 모임을 할 때도 부부가 함께 모이더라도 구체적인 나눔을 할 때는 남녀가 따로 나누는 시간도 자주 필요해.
- 찬송하고 예배하고 기도할 때는 함께하더라도, 삶을 나눌 때는 남녀가 따로 나누게 하는 일도 필요하겠군요?
- 그렇다네.
- 사실 우리 모두가 죄인이지요. 성 범죄에 관한 한 아무도 장담하지 못할 것 같아요. 아슬아슬한 유혹들이 얼마나 많아요?
- 자네들도 벌써 그런 것을 느끼나?
- '벌써'라니요? 우리도 알 것 다 아는 처녀 총각들이에요.
- 그래서 우리는 정죄하는 태도를 버리고 늘 겸허히 받아주고 함께 회개하고 함께 거룩해지는 길로 가야 하지.
- 받아주는 것이 중요하군요. 받아줌으로 치유와 회복과 승리가 일어나겠네요.
- 그렇지.
- 그 다음 B는 무엇인가요?

Bear one another's burden / 서로 짐을 지라

- 서로 짐을 지라는 원리요 규칙이지. 있는 대로 용납하고 받아주는 데서 시작하지만 사랑은 서로의 짐을 져 주는 데서 익어가거든.

> **갈 6:2** 너희가 짐을 서로 지라 그리하여 그리스도의 법을 성취하라

- 더 적극적인 사랑이 짐을 서로 함께 지는 행위로 나타나겠군요.
- 그렇지. 그래서 그리스도의 법을 성취하라고 하지?
- 여기서 말하는 그리스도의 법은 무엇을 의미할까요?
- 그리스도 주님이 하신 일이 무엇인가? 우리의 짐을 대신 지고 가신 것이 아닌가?
- 우리 죄의 짐을 지고 가신 것을 의미하나요?

우리의 짐을 지고 가신 예수님

- 여기서 우리가 구원론 신학을 다 이야기할 필요는 없을 거야. 무엇보다도 중요한 것은 우리의 죄 짐을 대신 지고 심판을 받으셨다는 것이지.

> **사 53:6** 우리는 다 양 같아서 그릇 행하여 각기 제 길로 갔거늘 여호와께

서는 우리 모두의 죄악을 <u>그에게 담당시키셨도다</u>

- 구약 예언서에 이렇게 예수님에게 우리의 죄악을 담당시킨다고 하였고, 신약은 담당했다고 말하지.

  > **요 1:29** 이튿날 요한이 예수께서 자기에게 나아오심을 보고 이르되 보라 <u>세상 죄를 지고 가는 하나님의 어린양이로다</u>

  > **벧전 2:24** 친히 나무에 달려 그 몸으로 우리 죄를 담당하셨으니 이는 우리로 죄에 대하여 죽고 의에 대하여 살게 하려 하심이라 그가 채찍에 맞음으로 너희는 나음을 얻었나니

- 그리스도께서 우리의 죄를 담당하시고 짊어지신 것처럼 서로의 죄나 짐을 함께 지고 가라는 뜻이군요?
- 그렇지. 그런데 예수님이 우리의 짐을 지고 가신 것은 죄의 짐만이 아니더라고. 우리의 죄 짐과 더불어 저주도 질병조차도 지고 가셨다는 것이 성경에 증언되고 있어.

  > **갈 3:13** 그리스도께서 우리를 위하여 <u>저주를 받은 바 되사 율법의 저주에서 우리를 속량하셨으니</u> 기록된 바 나무에 달린 자마다 저주 아래에 있는 자라 하였음이라

- **마 8:17** 이는 선지자 이사야를 통하여 하신 말씀에 우리의 <u>연약한 것을 친히 담당하시고 병을 짊어지셨도다</u> 함을 이루려 하심이더라

- 그렇다면 우리는 서로 어떤 짐을 어떻게 질 수 있을까요?
- **첫째는 우리도 서로의 죄를 함께 지는 것이지.**
- 우리가 어떻게 죄를 짊어져요? 그것은 그리스도만이 하실 수 있는 것 아닌가요?
- 그렇지? 만일 우리가 남의 죄 짐을 질 수 있다고 말한다면 말도 안 되는 말이겠지? 그래서 우리는 서로 죄에서 벗어나고 해방되기를 위하여 죄 짐을 지는 심정으로 서로를 위하여 기도하게 되는 것이지.
- 이는 실제로 죄 짐을 지는 것이 아니라 죄 짐의 무거움을 동정하고 공감하는 심정으로 중보기도 하는 것을 말하는군요?
- 그렇지.
- 그 다음에는 또 어떤 짐을 지나요?
- **둘째는 인생살이에서 느끼는 각종 무거운 짐을 함께 지는 거야.** 질병으로 인한 고통이라든지 재정적 어려움이라든지 고민거리, 염려거리를 모두 함께 짊어지는 거야.
- 그런 짐을 어떻게 함께 져요?
- 아, 지난번 태국 코랏 교회 간증하실 때 코이노니아 소그룹 이야기에서 힌트를 얻을 수 있겠는데요?
- 지원이 형, 무슨 힌트?

- 간암 환자의 치료를 위하여 중보기도로 그 아픈 짐을 함께 지고 하나님께 부르짖는 기도로 짐을 진 것이네요?
- 맞아. 먼저 **사랑의 중보기도로 그 짐을 함께 지고 하나님께로 가는 거야.**
- 그 다음에 거기 빚에 시달리는 성도를 위하여 함께 헌금하고 모금해서 해결했다는 이야기도 있었거든요. 그러니까 할 수 있는 대로 서로 나누어 해결할 수 있는 것은 해결하는 방식으로 짐을 지는 것이죠?
- 맞아. 또 하나는 **형제의 문제를 해결하기 위하여 할 수 있는 대로 힘을 보태는 거야.** 형편에 따라, 경우에 따라 기도하고 힘을 보태어 해결해 나가는 **사랑의 짐 지기**를 통하여 코이노니아가 완성되어 가는 것이지.
- '서로 짐을 진다'라는 명제에 맞는 간증은 없나요?
- 왜 없겠나? 한번은 이런 경험도 했지.
- 무슨 경험을요?
- 바나바훈련원 재직 시에 보통 월요일부터 목요일까지 훈련이 있어. 훈련을 마치고 나서 목요일 저녁에는 훈련원 스태프들이 부부가 함께 모여 코이노니아 모임을 갖곤 했지.
- 그때 스태프가 몇 명이나 되었는데요?
- 훈련원 캠퍼스 내에 거주하며 전임으로 일하는 스태프가 원장, 총무, 간사 세 가정이 함께 했지.
- 그러면 스태프 코이노니아 모임을 하면 6명이 모이곤 했나요?

- 맞아, 그랬어. 어느 해 여름, 그때 7월 초인가 싶은데, 코이노니아 모임 중 가장 막내인 간사 목사 사모가 그런 고백을 하는 거야. "저 솔직히 도망가고 싶어요. 아직 여름 사역은 반도 안 하고 많이 남아 있는데 말이 안 되는 소리이지만 전 벌써 너무 지쳤어요."
- 막내가 제일 먼저 지쳤다고요? 막내가 제일 젊을 텐데, 제일 먼저 지쳤다고 하면 이게 말이 되나, 정말?
- 말이 안 되는 이야기 같지? 이게 말이야. 아래 막내일수록 일이 많다는 거야. 원장은 총무에게 지시만 해도 될 때가 많아. 총무는 간사에게 지시하고, 간사는 지시할 상대가 없어. 마지막에 잔일을 다 해야지. 그러니 제일 먼저 막내가 지칠 수도 있단 말이야.
- 그렇기는 한데요, 그렇다고 해도 사무실에서라면 그런 말을 못하고 끙끙거리면서라도 감당하려 했겠지요?
- 그랬겠지. 코이노니아 모임이니까 그런 이야기를 할 수 있었지.
- 그래서 어찌 하셨는데요?
- 그래서 "허허, 원장이 총무에게 일을 지시했더니 총무는 간사에게 지시한 모양이군? 간사 혼자 힘들어하는 것 보니. 이번에는 아랫사람에게 지시한 원장과 총무가 짐을 져야 하겠군. 아직 여름 사역이 많이 남았지만 내일부터 그 다음 주일까지 10일간 ○○○ 간사에게 특별 휴가를 명하노라. 그리고 그의 남편 ○○○에게는 아내를 돌보는 사명을 명하노라."
- 부부를 다 특별휴가 보냈다고요?
- 그랬지. 선유도로 특별 휴가를 다녀왔어.

- 선유도로요? 날짜만 빼주면 휴가 다녀올 수 있나요? 휴가비도 주어야지.
- 그것도 했어. 우리 예산에 그런 휴가비가 없었기에 "원장이 30만 원 내어 놓을 테니 보태서 다녀와." 했더니 총무도 20만 원 내어 놓으므로 다녀오게 되었고. 대신 원장 부부, 총무 부부가 그 다음 여름 사역들을 감당하느라 땀을 배로 흘렸지.
- 야, 멋지군요? 바나바훈련원에서 일할 맛이 나겠는데요?
- 왜, 지원이도 바나바훈련원에서 일하고 싶어?
- 글쎄요, 좋은 분위기인 것 같은데요?
- 그래, 서로 짐을 지는 것이지. 그런데 그 다음 해에는 내가 제일 먼저 지쳤어. 그래서 코이노니아 모임을 할 때 솔직하게 나 지쳤다, 도망가고 싶다고 그랬지.
- 아니, 원장이 그런 말을 해요? 그래 가지고 일이 돼요? 그래서 어떻게 했는데요?
- 이번에는 총무가 말하더군. "원장 대행으로서 명하노니 이강천 원장은 일주일 특별휴가를 다녀올 것. 홍점순 사모는 그의 보호자로 함께할 것." 그러더라고….
- 휴가비는요?
- 나도 그렇게 물었지. "휴가비는 어떻게 합니까?"
- "원장은 능력자이므로 휴가비는 알아서 한다."
- 휴가비는 없고 날짜만 빼준다? 그래서 어찌하셨는데요?
- 아내와 함께 당진 해안가로 휴가를 떠났지. 그런데 한 이틀 지나

니까 집에 가고 싶고 훈련원에 가고 싶은 거야. 그래서 돌아왔지.
- 왜요? 일주일을 다 채우시지요.
- 돌아왔더니 스태프들도 그리 말하더군. 그러나 다 치유되었다고, 일하고 싶다고 사역에 롤백 했지.
- 잠시 꾀병하셨군요?
- 아니야, 꾀병은 아니었어. 진짜 지쳤는데, 스태프들로부터 내가 지친 것에 대한 공감을 얻고 사랑을 느꼈을 때 치유된 것이지.
- 서로의 짐을 지는 공동체가 되게 하자는 것이지요? 그렇게 되면 아름다운 공동체가 되겠어요.
- 그러면 이제 C는 무엇인가요?

Communalize life one another / 서로 삶을 공유하라

- C는 삶을 공유하라는 것이지.
- 삶을 공유한다는 것이 무엇인가요?
- 쉽게 이야기하자면 한 가족처럼 산다는 거야. 한 몸 되어 사는 것이지. 우리가 여러 번 인용했었지만 다시금 고린도전서에서 바울 사도가 한 몸 된 공동체로서의 삶(Body Life)을 경험하고 실행하고 누리는 거야. 고린도전서 12장 26절을 다시 한 번 읽어볼까?

> **고전 12:26** 만일 한 지체가 고통을 받으면 모든 지체가 함께 고통을 받고 한 지체가 영광을 얻으면 모든 지체가 함께 즐거워하느니라

- 이 말씀처럼 서로가 하나 된 공동체적 삶이 되게 한다는 것이라고 이해는 되는데요, 과연 구체적으로 어디까지 삶이 공유되는 것일까요? 한 가족처럼 살아간다는 말인데, 가족이 아닌데 가족같이 살아질까요?
- 우리가 서로 받아주고 짐을 서로 함께 지고 가는 공동체가 경험되면 결국은 한 몸 된 공동체를 경험하게 되면서 삶의 공유가 이루어지는 단계로 진입하게 되지 않을까? 물론 사랑과 성령으로 하나 되는 경험이 전제되어야 하는 것이지. 그래서 한 지체가 고통을 받으면 함께 아파하게 되고 한 지체가 영광을 얻으면 함께 기뻐하게 되는 경험을 하다 보면 자연스럽게 한 부분부터 삶을 공유하는 경험이 일어나게 되는 것이 아닐까?
- 부분적이지, 전체적인 공동생활은 현대 사회에서 쉽지 않겠지요?
- 우선 부분적인 데서부터 기쁨도 공감할 수 있고 아픔도 공감할 수 있는 공동체적인 삶(Body Life)을 이루는 것이지. 이 바디 라이프가 눈에 보이도록 이루어진 공동체가 초대 예루살렘 교회 아니었던가? 사도행전을 다시 한 번 확인하자고….
- 네, 제가 읽겠습니다.

행 2:42-47 그들이 사도의 가르침을 받아 서로 교제하고 떡을 떼며 오로지 기도하기를 힘쓰니라 사람마다 두려워하는데 사도들로 인하여 기사와 표적이 많이 나타나니 믿는 사람이 다 함께 있어 모든 물건을 서로 통용하고 또 재산과 소유를 팔아 각 사람의 필요를 따라 나눠 주며 날마다 마음을 같이하여 성전에 모이기를 힘쓰고 집에서 떡을 떼며 기쁨과 순전한 마음으로 음식을 먹고 하나님을 찬미하며 또 온 백성에게 칭송을 받으니 주께서 구원받는 사람을 날마다 더하게 하시니라

- 한번 확인해 보자고. 어떤 공유 경험이 초대교회 안에 일어났는지?
- 첫째는 말씀 공유입니다.
- 둘째는 밥상 공유입니다.
- 셋째는 기도 공유입니다.
- 넷째는 기사와 표적 공유입니다.
- 다섯째는 물건 통용입니다.
- 여섯째는 재산과 소유 공유입니다.
- 일곱째는 하나님 찬미 즉 예배 공유입니다.
- 여덟째는 칭송, 칭찬 공유입니다.
- 아홉째는 부흥 성장 공유 경험입니다.
- 자네들, 눈이 보통 아니군. 교대로 아주 샅샅이 잘 찾아내는군. 그런데 이것을 잘 살펴보면 두 차원의 공유 경험이야.
- 두 차원이라고요?
- 그래, 분석해 보게.
- 말씀 공유, 기도 공유, 찬미 공유 등은 영적 삶의 공유인 것 같고요.
- 그러면 밥상 공유, 물건 통용, 재산 공유 등은 생활 공유인 것 같

은데요, 기적 공유, 칭송 공유, 부흥 공유는 어디에 속하지요?
- 두 가지 차원의 공유 속에 얻어진 '축복의 공유'가 아닐까요?
- 그런 것 같네요. 그러고 보면 두 가지 차원이 아니라 세 가지 차원이지 않나요? 하지만 우리가 참여하는 것은 두 가지 차원이고, 세 번째는 열매요 축복인 셈이겠네요?
- 그렇지. 자네들 영안이 열린 것 같아. 대단한 관찰력이야. 찾아낸 것들을 한눈에 보이게 정리해 보면

　　　　초대교회 공유 경험
　　영적 공유: 말씀 공유
　　　　　　　기도 공유
　　　　　　　찬양 공유
　　생활 공유: 밥상 공유
　　　　　　　물건 공유
　　　　　　　재산 공유
　　축복 공유: 기적 공유
　　　　　　　칭찬 공유
　　　　　　　부흥 공유

이렇게 정리되지 않겠나? 세 번째 차원은 열매요 축복인 것 같으니 우선 뒤로 미루어 놓고 앞의 두 차원의 공유를 생각해 보면 영적 차원의 공유가 먼저 일어날까, 생활 차원의 공유가 먼저 일어날까?
- 선생님, 뒤로 미룰 게 아닌데요. 저는 세 번째 공유 경험을 생각하

니 흥분되는데요?
- 뭐가 흥분되는데? 지원이는?
- 저는 교회 목회할 자라서 그런지 그게 더 눈에 띄어요. 영적 공유가 일어나고 생활 공유가 일어나는 공동체가 된다면 그 안에서 하나님의 기적 체험이 공유되니 얼마나 목장과 교회가 활성화되고 강력해지겠지요? 그리고 칭송받고 구원받는 자가 날마다 더하는 부흥을 누리는 것이니, 아하, 우리가 찾던 교회 성장의 묘책이 여기 있네요.
- 아니, 벌써 교회 성장의 묘책을 찾고 있었나?
- '벌써'라니요? 너무 빠른 것인가요? 제가 이러다 늙는 것일까요? 아직 학생 때는 너무 교회 성장에 대한 미리 스트레스를 끌어들이지 말아야 할 텐데…. 그래도 아주 도망치지 못하는, 곧 현실로 다가올 문제일 것 같거든요?
- 그래, 벌써 목사가 다 된 것처럼 현실적인 문제에 빨려들지는 말게. 그러나 중요한 원리를 본 거야. 묘책이 아니고 본질인데, 사실은 본질이 묘책인 셈인 것이라네.
- 우리 코이노니아 모임 속에서 어떻게 공유 경험이 일어나느냐 하는 것이 사실은 더 중요하겠군요?
- 아무래도 영적 차원의 공유가 먼저 아닐까요? 영적 차원의 공유 없이 생활 차원의 공유가 가능할까요? 영적 차원의 공유를 통하여 기사와 표적을 체험하며 공유하게 될 때 생활 차원의 공유도 일어나지 않을까요?

- 다인이 말이 맞지, 축복을 누릴 때 생활을 공유할 믿음도 사랑도 더 커질 것은 틀림없어. 어쨌든 영적 차원의 공유가 먼저인 것은 틀림없는 일일 거야. 그래서 역사적으로도 이 생활 차원의 공유가 코이노니아 공동체 경험에 늘 리트머스 시험지같이 여겨져 왔어. 온전한 코이노니아 공동체가 되었는가의 시험지가 '생활까지 공유하느냐'에서 평가되곤 했지.
- 영적 차원의 공유는 눈에 잘 보이지 않으니까 시험지 역할을 하기 어려웠을 것이지만 영적 차원에서도 진정한 의미에서 성령으로 하나 되는 일은 쉬운 일이 아니죠. 우리의 예배나 기도에서 하나 되는 경험을 이룬다면 생활 차원으로 이행하는 것도 불가능하지는 않을 것 같은데요?
- 그렇기는 해. 그래도 생활 차원의 공유, 특히 재산과 소유의 공유 경험은 쉽지 않은 과제야. 사실 우리 훈련원에서 이런 것을 조금이라도 훈련해 보려고 노력했었지. 특히 선교훈련을 계획하고 한 팀이 공동체로 함께 가는 노력을 하도록 권하곤 했지.
- 선교훈련은 경비가 많이 들 테니까 경비문제로 못 가는 사람도 생기겠네요?
- 그렇지. 그래서 공유 경험을 훈련하는 데 좋았지. 그런데 첫 해에는 전혀 실패했어. 한 사람도 자기 몫 외에 더 내는 사람이 없는 거야. 돈이 없어 못 내는 사람은 있는데 더 내 주는 사람이 없으니 다 함께 갈 수가 없는 것이고, 그 작은 소그룹에서 못 가는 사람을 빼놓고 갈 수 있는 사람만 간다는 것은 아예 훈련의 의미가

없을 것 같아 실망하고 선교훈련 자체를 포기한 적이 있었지.
- 굉장히 아쉬웠겠습니다. 지금 20년이 넘었는데 다른 때의 훈련은 어땠나요?
- 해마다 교육하고 훈련시킨 결과 이제는 어느 정도 선교훈련만큼은 조별로 서로 도와서 함께 가는 전통이 이어지고 있지. 돈이 없어 못 가는 사람은 거의 없는 셈이지.
- 서로 서로 도와서 함께 가게 되는 모양이네요?
- 그래, 한 몸으로 가는 거야. 가면 다 가고 못 가면 다 못 가고…. 그런데 못 간 적이 한 번도 없어.
- 그런 가운데 전에 이야기한 좌절에 빠졌던 중국 선교사를 돕고 살려내는 경험을 하게 된 것이지. 이건 지극히 작은 부분이야.
- 그래도 작은 부분이 경험되면서 큰 부분으로 이행되지 않겠습니까?
- 그래, 작은 것이 중요하긴 하지. 그래서 역사적으로도 이 삶의 공유를 포함한 코이노니아 공동체를 여러모로 실험하게 되었지.
- 어떤 노력들이 있었나요?

한 주머니 공동체

- 한 주머니 공동체라고 부를 수 있는 공동체가 일부 실험되고 있지. 뜻이 맞는 그리스도인끼리 한 지역을 구해서 함께 모여 살면서 함께 생산하고 함께 살면서 각 가정의 필요를 따라 한 기준에

- 따라 사용하고 특별한 지출 필요가 생기면 논의를 거쳐 특별 지출하며 함께 사는 공동체야.
- 재정을 한 주머니 즉 한 회계 또는 예산 안에 따라 지출하면서 자급자족하는 공동체이겠군요.
- 그렇지, 물론 함께 말씀 공부도 하고 함께 기도도 하고 함께 예배하는 영적 차원의 공유와 함께 재산과 소유를 공유하는 노력이지.
- 대체로 행복하게 사는 것으로 나오지 않습니까? '떼제 공동체'라든지 '마리아 공동체'라든지 세계적으로 이름난 공동체 이야기를 들으면 그들은 그 안에서 소박하지만 행복하게 의미 있게 살아간다고 들었는데요?
- 그렇다네, 문제는 이런 공동체를 온 세상에 보편화시키기 어렵다는 것이지. 세상 속에서 여러 형태의 직업을 가지고 여러 다른 상황에서 살아가는 성도들이 어떻게 재산 공유의 경험을 누리는 공동체가 되느냐 하는 것이 어렵다는 점이지. 그래서 또 다른 형태의 공동체가 실험되고 있기도 하지.
- 어떤 형태요?

반 주머니 공동체

- 반 주머니 공동체라고 부를 수 있는 형태이지.
- 반 주머니요? 반만 공동 주머니로 쓴다는 뜻인가요?

- 응, 이 형태는 미국에 로날드 사이더 교수가 이끌고 있는 공동체가 좋은 예가 되겠는데, 이들은 가능하면 같은 지역에 모여 살지. 그리고 직업은 다 달라. 교수로부터 의사, 변호사, 사업가, 장사하는 사람, 농사짓는 사람, 청소부, 교사, 군인 등 다양한 직업의 그리스도인들이 뜻을 같이하여 공동으로 사는데, 교회도 다 달라. 감리교인, 장로교인, 침례교인, 나사렛교인 등등 다 각기 자기 원래 속한 교회에 적을 두고 주일 예배는 다 각각 자기 교회로 가지. 주택도 한 지역에 모여 사는 특징이 있지만 각자의 주택에 살아.
- 그럼 무엇을 공동으로 사나요?
- 주일 아닌 다른 날 공동체 예배가 있고 주중에 공동체 코이노니아 모임이 있지. 그리고 공동으로 사는 것은 공동으로 생활 기준을 정하는 거야.
- 공동으로 생활 기준을 정해요?
- 가족 생활비 기준은 물론 대학생이 몇인가, 고등학생이 몇인가 경우의 경우를 다 가정하고 기준을 세우는 거야. 그러고 나서 월급이나 월수입의 나머지는 공동 재정으로 넘기는 거야. 물론 기준치에 못 미치는 수입의 가정에서는 모자란 액수를 공동체에 청구하고….
- 각 가정의 수입을 확인하는 어떤 장치가 있나요?
- 그런 것은 없어. 스스로 그렇게 살기로 작정하고 동의한 사람들만 공동체에 들어오니까.
- 혹 가난한 사람들이 많이 들어오면 청구액이 많아지고 어려운 경

우도 있겠네요?
- 그들도 매우 현실적이야. 공동체에 입회 조건을 공동으로 심사하여 그런 불균형이 심화되지 않도록 조절하여 받아들이거든.
- 그럼 남는 돈은 어디에 쓰나요?
- 그렇게 검소하게 살면서 남겨 가지고 구제하고 선교하고 하나님의 사랑을 세상에 나누는 데 목적을 두고 하기 때문에 구제와 선교 헌금으로 대부분 쓰이는 거지.
- 검소하게 살면서 사랑을 세상에 나누어 주는 공동체가 되기 위하여 힘을 합치어 살아가는 공동체로군요?
- 그렇다면 앞에 이야기한 한 주머니 공동체보다는 세상 속에 더 들어가는 공동체가 될 수 있겠는데요?
- 자네들 말이 맞아. 좀 더 세속적인 직업을 가지고 세상 사람들과 만나면서도 재산 공유를 어느 정도 경험하고 누리면서 세상에 나누는 증인 공동체로서의 역할을 하는 셈이지. 내가 그 사이더 교수가 이끄는 공동체를 방문하여 며칠 동안 지낸 적이 있는데, 내가 갔을 때 그들은 헌집을 공동으로 매입해서 수리 중에 있더군. 그래서 나도 수리공사에 한 이틀 동안 참여한 적이 있어.
- 그 집은 누구를 위한 집인데요?
- 집 없는 사람에게 빌려주는 집이라 하더군. 우리나라에도 노숙자가 있지만 미국에도 집 없는 사람들(Homeless People)이 많아. 그들에게 빌려주는 집으로 쓰는 것이지.
- 일종의 노숙자 구제 사업이네요?

- 그래, 그런 일을 한 가정이 하기에는 벅차지만 이렇게 여럿이 함께 하니 가능한 것이지.
- 그렇다 해도 이것을 보편화시키는 것도 쉽지는 않겠어요, 선생님?
- 그래, 절대화할 수는 없어요. 그러나 이 반 주머니 공동체적인 라이프 스타일은 교회에서 구역이나 목장 별로 그렇게 공감하고 합의하여 시행한다면 전혀 불가능한 것도 아닐 것일세.
- 이런 이야기는 지금 교회를 지도할 목회자가 될 신학생들 관점에서 이야기되는 것 같은데, 우리 평신도가 될 청년들은 어떻게 적용할 수 있나요?
- 무슨 소리? 평신도가 구역이나 목장의 리더가 되어 자신의 구역이나 목장을 이러한 공유 경험을 할 수 있도록 이끌어야지. 더 나아가 비즈니스 모델을 공유경제(요즘 집이나 차나 공개적으로 내어놓고 서로 렌트하여 쓰는, 또 플랫폼 공유 같은 이러한 개념을 공유경제라고 표현하여 쓰면서 공유경제 시대라고 하는데, 여기서는 공동체적 삶이라는 의미의 공유경제를 말함) 모델로 만들어 나가는 일을 할 수 있는 게 평신도들이니 더 기회가 많다고 보아야지.
- 공유경제 비즈니스 모델이라고요? 그것은 무엇인가요?
- 내가 젊은이들을 위하여 비즈니스 공유경제의 모델을 제안하는 책을 쓴 게 있는데, 《코이노니아 경제의 꿈》(쿰란출판사)이라는 책이 있지. '일터 영성' 이야기할 때 그 책 내용으로 하려고 하는데 그걸 한 번 공동으로 읽고 토론하면 이 문제의 개념과 가능성을 발견하게 될 거야.
- 네, 그러면 그 책을 우리 한 번 공동으로 읽고 토론하기로 하지요.

자발적 내어놓음과 나눔에 의한 재산 공유

- 결국 성경적 원리는 자발적인 나눔이고 자발적인 공유인데, 자발적인 공유 경험이 얼마나 깊게 일어나느냐 하는 것이 그 코이노니아 공동체의 성숙도를 말해 주는 것이 될 것일세.
- 선생님, 이 문제는 어느 선을 정해 줄 수 없을 것 같습니다. 하여간 받아주고 짐을 져 주는 사랑의 기도를 하고 짐을 나누는데 시간과 물질과 노력을 나누어 지려다 보면 정도의 차이는 있어도 생활 공유의 경험들이 일어날 것으로 보이는데요?
- 이미 선생님이 말씀하신 바나바훈련원 어떤 조에서 있었던 중국 선교사의 예에서 보듯이, 또 태국 어느 교회 이야기에서 부채를 함께 갚은 이야기에서와 같이 공유 경험은 가능할 것 같습니다. 성도 상호간에 열고 나누고 하다가 사랑의 기도를 하다가 물질로 서로 채워야 하는 경우는 어느 정도씩이라도 채워나가는 경험으로 이끌어야 하지 않을까요?
- 그래, 현대 기독교 사상가 중 한 분이라 할 수 있는 하워드 스나이더 교수는 그의 책 《그리스도의 공동체》(영문책명/Community of the King)라는 책 결론 부분에서 "우리를 위한 코이노니아는 아직도 그 성경적 중요성이 거의 확립되지 않았거나 혹은 우리가 갈망하기는 하지만 아직 성취되지는 못한 비전으로 남아 있다"라고 말했다네. 그래서 보편적인 기준을 정하기는 어려울 것 같고 영적, 정신적 원리로 가르쳐지고 경험적으로 가르쳐지도록 코이노니아 모

임을 운영하고 지도해야 하겠지?
- 사도행전에 실현되었던 자발적인 생활 공유 경험이 코이노니아 소그룹에서 경험되도록 노력해 보아야 하겠습니다.

> **행 4:32-35** 믿는 무리가 한마음과 한 뜻이 되어 모든 물건을 서로 통용하고 자기 재물을 조금이라도 자기 것이라 하는 이가 하나도 없더라 사도들이 큰 권능으로 주 예수의 부활을 증언하니 무리가 큰 은혜를 받아 그중에 가난한 사람이 없으니 이는 밭과 집 있는 자는 팔아 그 판 것의 값을 가져다가 사도들의 발 앞에 두매 그들이 각 사람의 필요를 따라 나누어 줌이라

- 그렇다네. 성경적 이상은 불가능한 것을 제시하지는 않는다고 믿어. 성령과 사랑의 하나 된 공동체가 경험되도록 해야겠지.
- 선생님, 이렇게 ABC 과정을 통하여 불완전하게라도 하나 된, 몸 된 공동체 경험이 코이노니아 소그룹에서 일어난다면 우리의 삶은 기쁘고 행복하고 감격할 수 있겠습니다.
- 그렇다네. 삶을 공유한 공동체는 기쁨과 감격, 찬양이 일어나는 것일세. 그래서 진정한 감격의 찬양 공동체가 되는 거야. 어디 이번에는 누가 코이노니아 만들기 ABC를 이해한 대로 정리해 보게나.

1) 코이노니아 공동체는 서로 받아주는 공동체이다. 받아주는 공동체는 마음을 열게 해준다.
2) 코이노니아 공동체는 짐을 함께 지는 공동체이다. 짐을 함께

지는 공동체 안에서는 치유가 일어난다.

3) 코이노니아 공동체는 삶을 공유하는 공동체이다. 삶을 공유하는 공동체 안에서는 진정한 감격과 찬양이 일어난다.

- 아름답지 아니한가? 우리들 모임에서 이러한 공동체 경험, 공유 경험을 해보자고. 그리고 나아가 교회 목회를 그렇게 이끌어 행복한 공동체를 만들고 평신도들은 공유경제 원리로 아름다운 사회를 만들어 가자고….
- 네, 감사합니다. 선생님.
- 어두운 밤에 운전하느라고 성진이가 수고했네. 덕분에 즐거운 여행이 되었네.
- 저도 즐겁고 감사합니다.

영성 세계로의 여행 2

친교 영성 한 몸 된 코이노니아

1판 1쇄 인쇄 _ 2020년 10월 14일
1판 1쇄 발행 _ 2020년 10월 24일

지은이 _ 이강천
펴낸이 _ 이형규
펴낸곳 _ 쿰란출판사

주소 _ 서울특별시 종로구 이화장길 6
편집부 _ 745-1007, 745-1301~2, 747-1212, 743-1300
영업부 _ 747-1004, FAX 745-8490
본사평생전화번호 _ 0502-756-1004
홈페이지 _ http://www.qumran.co.kr
E-mail _ qrbooks@daum.net / qrbooks@gmail.com
한글인터넷주소 _ 쿰란, 쿰란출판사
페이스북 _ www.facebook.com/qumranpeople
인스타그램 _ www.instagram.com/qrbooks
등록 _ 제1-670호(1988.2.27)
책임교열 _ 최진희·최가영

ⓒ 이강천 2020 ISBN 979-11-6143-452-0 94230
　　　　　　　　　　979-11-6143-450-6(세트)

책값은 뒤표지에 있습니다.
이 출판물은 저작권법에 의해 보호를 받는 저작물이므로 무단 복제할 수 없습니다.
파본(破本)은 구입처에서 교환해 드립니다.